内蒙古民族文化通鉴·调查系列丛书

达茂旗草原畜牧业现状及变迁调查

文 明　杜淑芳　陈红宇 ◎ 著

中国社会科学出版社

图书在版编目(CIP)数据

达茂旗草原畜牧业现状及变迁调查 / 文明, 杜淑芳, 陈红宇著. — 北京: 中国社会科学出版社, 2023.10

(内蒙古民族文化通鉴.调查系列丛书)

ISBN 978-7-5227-2435-5

Ⅰ.①达… Ⅱ.①文…②杜…③陈… Ⅲ.①草原—畜牧业经济—研究—达尔罕茂明安联合旗 Ⅳ.①F326.33

中国国家版本馆 CIP 数据核字（2023）第 153041 号

出 版 人	赵剑英
责任编辑	宫京蕾　周怡冰
责任校对	李　莉
责任印制	郝美娜
出　　版	中国社会科学出版社
社　　址	北京鼓楼西大街甲 158 号
邮　　编	100720
网　　址	http://www.csspw.cn
发 行 部	010-84083685
门 市 部	010-84029450
经　　销	新华书店及其他书店
印刷装订	北京君升印刷有限公司
版　　次	2023 年 10 月第 1 版
印　　次	2023 年 10 月第 1 次印刷
开　　本	710×1000　1/16
印　　张	10.5
插　　页	2
字　　数	198 千字
定　　价	58.00 元

凡购买中国社会科学出版社图书，如有质量问题请与本社营销中心联系调换

电话：010-84083683

版权所有　侵权必究

《内蒙古民族文化通鉴》
编委会

主　任　吴团英
副主任　刘少坤　李春林
成　员　(以姓氏笔画为序)
　　　　马永真　王来喜　包银山　包斯钦　冯建忠
　　　　周纯杰　金　海　徐春阳　额尔很巴雅尔
　　　　蔚治国　毅　松

主　编　吴团英
副主编　刘少坤　李春林　金　海　马永真
　　　　毅　松　包斯钦

《内蒙古民族文化通鉴》总序

乌 兰

"内蒙古民族文化研究建设工程"成果集成——《内蒙古民族文化通鉴》（简称《通鉴》）六大系列数百个子项目的出版物将陆续与学界同人和广大读者见面了。这是内蒙古民族文化传承保护建设中的一大盛事，也是对中华文化勃兴具有重要意义的一大幸事。借此《通鉴》出版之际，谨以此文献给所有热爱民族文化，坚守民族文化的根脉，为民族文化薪火相传而殚智竭力、辛勤耕耘的人们。

一

内蒙古自治区位于祖国北部边疆，土地总面积118.3万平方公里，占中国陆地国土总面积的八分之一，现设9市3盟2个计划单列市，全区共有102个旗县（市、区），自治区首府为呼和浩特。2014年，内蒙古总人口2504.81万，其中蒙古族人口458.45万，汉族人口1957.69万，包括达斡尔族、鄂温克族、鄂伦春族"三少"自治民族在内的其他少数民族人口88.67万；少数民族人口约占总人口的21.45%，汉族人口占78.15%，是蒙古族实行区域自治、多民族和睦相处的少数民族自治区。内蒙古由东北向西南斜伸，东西直线距离2400公里，南北跨度1700公里，横跨东北、华北、西北三大区，东含大兴安岭，西包阿拉善高原，南有河套、阴山，东南西与8省区毗邻，北与蒙古国、俄罗斯接壤，国境线长达4200公里。内蒙古地处中温带大陆气候区，气温自大兴安岭向东南、西南递增，降水自东南向西北递减，总体上干旱少雨，四季分明，寒暑温差很大。全区地理上大致属蒙古高原南部，从东到西地貌多样，有茂密的森林，广袤的草原，丰富的矿藏，是中国为数不多的资源富集大区。

内蒙古民族文化的主体是自治区主体民族蒙古族的文化，同时也包括达斡尔族、鄂温克族、鄂伦春族等人口较少世居民族多姿多彩的文化和汉族及其他各民族的文化。

"内蒙古"一词源于清代"内札萨克蒙古"，相对于"外扎萨克蒙古"即"外蒙古"。自远古以来，这里就是人类繁衍生息的一片热土。1973年在呼和浩特东北发现的大窑文化，与周口店第一地点的"北京人"属同一时期，距今50万—70万年。1922年在内蒙古伊克昭盟乌审旗萨拉乌苏河发现的河套人及萨拉乌苏文化、1933年在呼伦贝尔扎赉诺尔发现的扎赉诺尔人，分别距今3.5万—5万年和1万—5万年。到了新石器时代，人类不再完全依赖天然食物，而已经能够通过自己的劳动生产食物。随着最后一次冰河期的迅速消退，气候逐渐转暖，原始农业在中国北方地区发展起来。到了公元前6000年—前5000年，内蒙古东部和西部两个亚文化区先后都有了原始农业。

"红山诸文化"（苏秉琦语）和海生不浪文化的陆续兴起，使原始定居农业逐渐成为主导的经济类型。红山文化庙、坛、冢的建立，把远古时期的祭祀礼仪制度及其规模推进到一个全新的阶段，使其内容空前丰富，形式更加规范。"中华老祖母雕像""中华第一龙""中华第一凤"——这些在中华文明史上具有里程碑意义的象征物就是诞生在内蒙古西辽河流域的红山文化群。红山文化时期的宗教礼仪反映了红山文化时期社会的多层次结构，表明"'产生了植根于公社，又凌驾于公社之上的高一级的社会组织形式'（苏秉琦语——引者注），这已不是一般意义上的新石器时代文化概念所能包容的，文明的曙光已照耀在东亚大地上"[①]。

然而，由于公元前5000年和公元前2500年前后，这里的气候出现过几次大的干旱及降温，原始农业在这里已经不再适宜，从而迫使这一地区的原住居民去调整和改变生存方式。夏家店文化下层到上层、朱开沟文化一至五段的变迁遗迹，充分证明了这一点。气候和自然环境的变化、生产力的进一步发展，必然促使这里的人类去寻找更适合当地生态条件、创造具有更高劳动生产率的生产方式。于是游牧经济、游牧文化诞生了。

---

① 田广金、郭素新：《北方文化与匈奴文明》，江苏教育出版社2005年版，第131页。

历史上的游牧文化区，基本处于北纬40度以北，主要地貌单元包括山脉、高原草原、沙漠，其间又有一些大小河流、淡水咸水湖泊等。处于这一文化带上的蒙古高原现今冬季的平均气温在-10℃—20℃之间，年降雨量在400毫米以下，干燥指数在1.5—2之间。主要植被是各类耐寒的草本植物和灌木。自更新世以来，以有蹄类为主的哺乳动物在这一地区广泛分布。这种生态条件，在当时的生产力水平下，对畜牧业以外的经济类型而言，其制约因素无疑大于有利因素，而选择畜牧、游牧业，不仅是这种生态环境条件下的最佳选择，而且应该说是伟大的发明。比起从前在原始混合型经济中饲养少量家畜的阶段，逐水草而居，"依天地自然之利，养天地自然之物"的游牧生产、生活方式有了质的飞跃。按照人类学家L.怀特、M.D.萨林斯关于一定文化级差与一定能量控驭能力相对应的理论，一头大型牲畜的生物能是人体生物能的1—5倍，一人足以驾驭数十头牲畜从事工作，可见真正意义上的畜牧、游牧业的生产能力已经与原始农业经济不可同日而语。它表明草原地带的人类对自身生存和环境之间的关系有了全新的认识，智慧和技术使生产力有了大幅提高。

马的驯化不但使人类远距离迁徙游牧成为可能，而且让游牧民族获得了在航海时代和热兵器时代到来之前绝对所向披靡的军事能力。游牧民族是个天然的生产军事合一的聚合体，具有任何其他民族无法比拟的灵活机动性和长距离迁徙的需求与能力。游牧集团的形成和大规模运动，改变了人类历史。欧亚大陆小城邦、小农业公社之间封闭隔绝的状况就此终结，人类社会各个群体之间的大规模交往由此开始，从氏族部落语言向民族语言过渡乃至大语系的形成，都曾有赖于这种大规模运动；不同部落、不同族群开始通婚杂居，民族融合进程明显加速，氏族部族文化融合发展成为一个个特色鲜明的民族文化，这是人类史上的一次历史性进步，这种进步也大大加快了人类文化的整体发展进程。人类历史上的一次划时代的转折——从母权制向父权制的转折也是由"游牧部落"带到农耕部落中去的。[①]

对现今中国北方地区而言，到了公元前1000年前后，游牧人的时期

---

① [苏] Д.Е.叶列梅耶夫：《游牧民族在民族史上的作用》，《民族译丛》1987年第5、6期。

业已开始，秦汉之际匈奴完成统一草原的大业，此后的游牧民族虽然经历了许多次的起起伏伏，但总体十分强势，一种前所未有的扩张从亚洲北部，由东向西展开来。于是，被称为"世界历史两极"的定居文明与草原畜牧者和游牧人开始在从长城南北到中亚乃至欧洲东部的广阔地域内进行充分的相互交流。到了"蒙古时代"，一幅中世纪的"加泰罗尼亚世界地图"，如实反映了时代的转换，"世界体系"以"蒙古时代"为开端确立起来，"形成了人类史上版图最大的帝国，亚非欧世界的大部分在海陆两个方向上联系到了一起，出现了可谓'世界的世界化'的非凡景象，从而在政治、经济、文化、商业等各个方面出现了东西交流的空前盛况"。① 直到航海时代和热兵器时代到来之后，这种由东向西扩张的总趋势才被西方世界扭转和颠倒。而在长达约两千年的游牧社会历史上，现今的内蒙古地区始终是游牧文化圈的核心区域之一，也是游牧世界与华夏民族、游牧文明与农耕文明碰撞激荡的最前沿地带。

在漫长的历史过程中，广袤的北方大草原曾经是众多民族繁衍生息的家园，他们在与大自然的抗争和自身的生存发展过程中创造了各民族自己的文化，形成了以文化维系起来的人群——民族。草原各民族有些是并存于一个历史时期，毗邻而居或交错居住，有些则分属于不同历史时期，前者被后者更替，后者取代前者，薪尽而火传。但不论属何种情形，各民族文化之间都有一个彼此吸纳、继承、逐渐完成民族文化自身的进化，然后在较长历史时期内稳定发展的过程。比如，秦汉时期的匈奴文化就是当时众多民族部落文化和此前各"戎""狄"文化的集大成。魏晋南北朝时期的鲜卑文化，隋唐时期的突厥文化，宋、辽、金时期的契丹、女真、党项族文化，元代以来的蒙古族文化都是如此。

二

蒙古民族是草原文化的集大成者，蒙古文化是草原文化最具代表性的文化形态，蒙古民族的历史集中反映了历史上草原民族发展变迁的基本

---

① 《杉山正明谈蒙古帝国："元并非中国王朝"一说对错各半》，《东方早报·上海书评》2014年7月27日。

规律。

有人曾用"蝴蝶效应"比喻13世纪世界历史上的"蒙古风暴"——斡难河畔那一次蝴蝶翅膀的扇动引起周围空气的扰动，能量在连锁传递中不断增强，最终形成席卷亚欧大陆的铁骑风暴。这场风暴是由一位名叫铁木真的蒙古人掀起，他把蒙古从一个部落变成一个民族，于1206年建立了大蒙古汗国。铁木真统一蒙古各部之后，首先废除了氏族和部落世袭贵族的权力，使所有官职归于国家，为蒙古民族的历史进步扫清了重要障碍，并制定了世界上第一部具有宪法意义、包含宪政内容的成文法典，而这部法典要比英国在世界范围内最早制定的宪法性文件早了九年。成吉思汗确立了统治者与普通牧民负同等法律责任、享有同等宗教信仰自由等法律原则，建立了定期人口普查制度，创建了最早的国际邮政体系。

13、14世纪的世界可被称为蒙古时代，成吉思汗缔造的大蒙古国囊括了多半个亚欧版图，发达的邮驿系统将东方的中国文明与西方的地中海文明相连接，两大历史文化首度全面接触，对世界史的影响不可谓不深远。亚欧大陆后来的政治边界划分分明是蒙古帝国的遗产。成吉思汗的扩张和西征，打破了亚欧地区无数个城邦小国、定居部落之间的壁垒阻隔，把亚欧大陆诸文明整合到一个全新的世界秩序之中，因此他被称为"缔造全球化世界的第一人"[①]。1375年出现在西班牙东北部马略卡岛的一幅世界地图——"卡塔拉地图"（又称"加泰罗尼亚地图"，现藏于法国国家图书馆），之所以被称为"划时代的地图"，并非因为它是标明马可·波罗行旅路线的最早地图，而是因为它反映了一个时代的转换。从此，东西方之间的联系和交往变得空前便捷、密切和广泛。造纸、火药、印刷术、指南针——古代中国的这些伟大发明通过蒙古人，最终真正得以在欧洲推广开来；意大利作家但丁、薄伽丘和英国作家乔叟所用的"鞑靼绸""鞑靼布""鞑靼缎"等纺织品名称，英格兰国王指明要的"鞑靼蓝"，还有西语中的许多词汇，都清楚地表明东方文化以蒙古人为中介传播到西方的那段历史；与此同时，蒙古人从中亚细亚、波斯引进许多数学家、工匠和管理人员，以及诸如高粱、棉花等农作物，并将其传播到中国和其他

[①] ［美］杰克·威泽弗德：《成吉思汗与今日世界之形成》，温海清、姚建根译，重庆出版社2014年版，第8页封面。

地区，从而培育或杂交出一系列新品种。由此引发的工具、设备、生产工艺的技术革新，其意义当然不可小觑；特别是数学、历法、医学、文学艺术方面的交流与互动，知识和观念的传播、流动，打破了不同文明之间的隔阂，以及对某一文明的偏爱与成见，其结果就是全球文化和世界体系若干核心区的形成。1492年，克里斯托弗·哥伦布说服两位君主，怀揣一部《马可·波罗游记》，信心满满地扬帆远航，为的就是找到元朝的"辽阳省"，重建与蒙古大汗朝廷的海上联系，恢复与之中断的商贸往来。由于蒙古交通体系的瓦解和世界性的瘟疫，他浑然不知此时元朝已经灭亡一百多年，一路漂荡到加勒比海的古巴，无意间发现了"新大陆"。正如美国人类学家、蒙古史学者杰克·威泽弗德所言，在蒙古帝国终结后的很长一段时间内，新的全球文化继续发展，历经几个世纪，变成现代世界体系的基础。这个体系包含早先蒙古人强调的自由商业、开放交通、知识共享、长期政治策略、宗教共存、国际法则和外交豁免。①

即使我们以中华文明为本位回望这段历史，同样可以发现蒙古帝国和元朝对我国历史文化久远而深刻的影响。从成吉思汗到忽必烈，历时近百年，元朝缔造了人类历史上版图最大的帝国，结束了唐末以来国家分裂的状况，基本划定了后世中国的疆界；元代实行开放的民族政策，大力促进各民族间的经济文化交流和边疆地区的开发，开创了中华民族多元一体的新格局，确定了中国统一的多民族国家的根本性质；元代推行农商并重政策，"以农桑为急务安业力农"，城市经济贸易繁荣发展，经贸文化与对外交流全面推进，实行多元一体的文化教育政策，科学技术居于世界前列，文学艺术别开生面，开创了一个新纪元；作为发动有史以来最大规模征服战争的军事领袖，成吉思汗和他的继任者把冷兵器时代的战略战术思想、军事艺术推上了当之无愧的巅峰，创造了人类军事史的一系列"第一"、一系列奇迹，为后人留下了极其丰富的精神财富；等等。

统一的蒙古民族的形成是蒙古民族历史上具有划时代意义的时间节点。从此，蒙古民族成为具有世界影响的民族，蒙古文化成为中华文化不可或缺的组成部分。漫长的历史岁月见证了蒙古族人民的智慧，他们在文

---

① [美]杰克·威泽弗德：《成吉思汗与今日世界之形成》（修订版），温海清、姚建根译，重庆出版社2014年版，第6、260页。

学、史学、天文、地理、医学等诸多领域成就卓然，为中华文明和人类文明的发展做出了不可否认的伟大贡献。

20世纪30年代被郑振铎先生称为"最可注意的伟大的白话文作品"的《蒙古秘史》，不单是蒙古族最古老的历史、文学巨著，也是被联合国教科文组织列为世界名著目录（1989年）的经典，至今依然吸引着世界各国无数的学者、读者；在中国著名的"三大英雄史诗"中，蒙古族的《江格尔》、《格斯尔》（《格萨尔》）就占了两部，它们也是目前世界上已知史诗当中规模最大、篇幅最长、艺术表现力最强的作品之一；蒙古民族一向被称为能歌善舞的民族，马头琴、长调、呼麦被列入世界非物质文化遗产，蒙古族音乐舞蹈成为内蒙古的亮丽名片，风靡全国，感动世界，诠释了音乐不分民族、艺术无国界的真谛；还有传统悠久、特色独具的蒙古族礼仪习俗、信仰禁忌、衣食住行，那些科学简洁而行之有效的生产生活技能、民间知识，那些让人叹为观止的绝艺绝技以及智慧超然且极其宝贵的非物质文化遗产，都是在数千年的游牧生产生活实践中形成和积累起来的，也是与独特的生存环境高度适应的，因而极富生命力。迄今，内蒙古已拥有列入联合国非物质文化遗产名录的项目2项（另有马头琴由蒙古国申报列入名录）、列入国家级名录的81项、自治区及盟市旗县级名录的3844项，各级非遗传承人6442名。其中蒙古族、达斡尔族、鄂温克族、鄂伦春族等内蒙古世居少数民族的非遗项目占了绝大多数。人们或许不熟悉内蒙古三个人口较少民族的文化传统，然而那巧夺天工的达斡尔造型艺术、想象奇特的鄂温克神话传说、栩栩如生的鄂伦春兽皮艺术、闻名遐迩的"三少民族"桦皮文化……这些都是一朝失传则必将遗恨千古的文化瑰宝，我们当倍加珍惜。

内蒙古民族文化当中最具普世意义和现代价值的精神财富，当属其崇尚自然、天人相谐的生态理念、生态文化。游牧，是生态环保型的生产生活方式，是现代以前人类历史上唯一以人与自然和谐共存、友好相处的理念为根本价值取向的生产生活方式。游牧和狩猎，尽管也有与外在自然界相对立的一面，但这是以敬畏、崇尚和尊重大自然为最高原则、以和谐友好为前提的非对抗性对立。因为，牧民、猎人要维持生计，必须有良好的草场、清洁的水源和丰富的猎物，而这一切必须以适度索取、生态环保为条件。因此，有序利用、保护自然，便成为游牧生产方式的最高原则和内在要求。对亚洲北部草原地区而言，人类在无力改造和控制自然环境的条件下，游牧生产方式是维持草畜平衡，使草场及时得到休整、涵养、恢复的自由而能动的最佳选择。我国北方的广大地区尽管数千年来自然生态环境相当脆弱，如今却能够成为我国北部边疆的生态屏障，与草原游牧民族始终如一的精心呵护是分不开的。不独蒙古族，达斡尔族、鄂温克族、鄂伦春族等草原世居少数民族在文化传统上与蒙古族共属一个更大的范畴，不论他们的思维方式、信仰文化、价值取向还是生态伦理，都与蒙古族大同小异，有着多源同流、殊途同归的特点。

随着人类历史进程的加速，近代以来，世界各地区、各民族文化变迁、融合的节奏明显加快，草原地区迎来了本土文化和外来文化空前大激荡、大融合的时代。草原民族与汉民族的关系日趋加深，世界各种文化对草原文化的作用和影响进一步增强，农业文明、工业文明、商业文明、城市文明的因素大量涌现，草原各民族的生产生活方式，乃至思想观念、审美情趣、价值取向都发生了巨大变化。虽然，这是一个凤凰涅槃、浴火重生的过程，但以蒙古族文化为代表的草原各民族文化，在空前的文化大碰撞中激流勇进，积极吸纳异质文化养分，或在借鉴吸纳的基础上进行自主的文化创新，使民族文化昂然无惧地走上转型之路。古老的蒙古族文化，依然保持着她所固有的本质特征和基本要素，而且，由于吸纳了更多的活性元素，文化生命力更加强盛，文化内涵更加丰富，以更加开放包容的姿态迎来了现代文明的曙光。

三

古韵新颜相得益彰，历久弥新异彩纷呈。自治区成立以来的近 70 年间，草原民族的文化事业有了突飞猛进的发展。我国社会主义制度和民族区域自治、各民族一律平等的宪法准则，党和国家一贯坚持和实施的尊重、关怀少数民族，大力扶持少数民族经济文化事业的一系列方针政策，从根本上保障了我国各民族人民传承和发展民族文化的权利，也为民族文化的发展提供了广阔空间。一些少数民族，如鄂伦春族仅仅用半个世纪就从原始社会过渡到社会主义社会，走过了过去多少个世纪都不曾走完的历程。

一个民族的文化发展水平必然集中体现在科学、文化、教育事业上。在历史上的任何一个时期，蒙古民族从来不曾拥有像现在这么多的科学家、文学家等各类专家教授，从来没有像现在这样以丰富的文化产品供给普通群众的消费，蒙古族大众的整体文化素质从来没有达到现在这样的高度。哪怕最偏远的牧村，电灯电视不再稀奇，网络、手机、微信微博业已成为生活的必需。自治区现有7家出版社出版蒙古文图书，全区每年都有数百上千种蒙古文新书出版，各地报刊每天都有数以千百计的文学新作发表。近年来，蒙古族牧民作家、诗人的大量涌现，已经成为内蒙古文学的一大景观，其中有不少作者出版有多部中长篇小说或诗歌散文集。我们再以国民受教育程度为例，它向来是一个民族整体文化水准的重要指标之一。中华人民共和国成立前，绝大多数蒙古人根本没有接受正规教育的机会，能够读书看报的文化人寥若晨星。如今，九年义务教育已经普及，即便是上大学、读研考博的高等教育，对普通农牧民子女也不再是奢望。据《内蒙古2014年国民经济和社会发展统计公报》显示，全自治区2013年少数民族在校大学生10.8万人，其中蒙古族学生9.4万人；全区招收研究生5987人，其中，少数民族在校研究生5130人，蒙古族研究生4602人，蒙古族受高等教育程度可见一斑。

每个时代、每个民族都有一些杰出人物曾经对人类的发展进步产生深远影响。正如爱迪生发明的电灯"点亮了世界"一样，当代蒙古族也有为数不少的文化巨人为世界增添了光彩。提出"构造体系"概念、创立地质力学学说和学派、提出"新华夏构造体系三个沉降带"理论、开创油气资源勘探和地震预报新纪元的李四光；认定"世界未来的文化就是中国文化复兴"、素有"中国最后一位大儒家"之称的国学大师梁漱溟；在国际上首次探索出山羊、绵羊和牛精子体外诱导获能途径，成功实现试管内杂交育种技术的"世界试管山羊之父"旭日干；还有著名新闻媒体人、文学家、翻译家萧乾；马克思主义哲学家艾思奇；当代著名作家李准……这些如雷贯耳的大名，可谓家喻户晓、举世闻名，但人们未必都知道他们来自蒙古族。是的，他们来自蒙古族，为中华民族的伟大复兴，为全人类的文明进步做出了应有的贡献。

历史的进步、社会的发展、蒙古族人民群众整体文化素质的大幅提升，使蒙古族文化的内涵得以空前丰富，文化适应能力、创新能力、竞争能力都有了显著提升。从有形的文化特质，如日常衣食住行，到无形的观念形态，如思想情趣、价值取向，我们可以举出无数个鲜活的例子，说明蒙古文化紧随时代的步伐传承、创新、发展的事实。特别是自2003年自治区实施建设民族文化大区、强区战略以来，全区文化建设呈现出突飞猛进的态势，民族文化建设迎来了一个新的高潮。内蒙古文化长廊计划、文化资源普查、重大历史题材美术创作工程、民族民间文化遗产数据库建设工程、蒙古语语料库建设工程、非物质文化遗产保护、一年一届的草原文化节、草原文化研究工程、北部边疆历史与现状研究项目等，都是这方面的有力举措，收到了很好的成效。

但是，我们也必须清醒地看到，与经济社会的跨越式发展相比，文化建设仍然显得相对滞后，特别是优秀传统文化的传承保护依然任重道远。优秀民族文化资源的发掘整理、研究转化、传承保护以及对外传播能力尚不能适应形势发展，某些方面甚至落后于国内其他少数民族省区的现实也尚未改变。全球化、工业化、信息化和城镇化的时代大潮，对少数民族弱势文化的剧烈冲击是显而易见的。全球化浪潮和全方位的对外开放，意味着我们必将面对外来文化，特别是强势文化的冲击。在不同文化之间的交往中，少数民族文化所受到的冲击会更大，所经受的痛苦也会更多。因为，它们对外来文化的输入往往处于被动接受的状态，而对文化传统的保护常常又力不从心，况且这种结果绝非由文化本身的价值所决定。换言之，在此过程中，并非所有得到的都是你所希望得到的，并非所有失去的都是你应该丢掉的，不同文化之间的输入输出也许根本就不可能"对等"。这正是民族文化的传承保护任务显得分外紧迫、分外繁重的原因。

文化是民族的血脉，内蒙古民族文化是中华文化不可或缺的组成部分，中华文化的全面振兴离不开国内各民族文化的繁荣发展。为了更好地贯彻落实党的十八大关于文化建设的方针部署，切实把自治区党委提出的实现民族文化大区向民族文化强区跨越的要求落到实处，自治区政府于2013年实时启动了"内蒙古民族文化建设研究工程"。"工程"包括文献档案整理出版，内蒙古社会历史调查、研究系列，蒙古学文献翻译出版，内蒙古历史文化推广普及和"走出去"，"内蒙古民族文化建设研究数据库"建设等广泛内容，计划六年左右的时间完成。经过两年的紧张努力，从2016年开始，"工程"的相关成果已经陆续与读者见面。

建设民族文化强区是一项十分艰巨复杂的任务，必须加强全区各界研究力量的整合，必须有一整套强有力的措施跟进，必须实施一系列特色文化建设工程来推动。"内蒙古民族文化建设研究工程"就是推动我区民族文化强区建设的一个重要抓手，是推进文化创新、深化人文社会科学可持续发展的一个重要部署。目前，"工程"对全区文化建设的推动效应正在逐步显现。

"内蒙古民族文化建设研究工程"将在近年来蒙古学研究、"草原文化研究工程""北部边疆历史与现状研究"、文化资源普查等科研项目所取得的成就基础上，突出重点，兼顾门类，有计划、有步骤地开展抢救、保护濒临消失的民族文化遗产，搜集记录地方文化和口述历史，使民族文化传承保护工作迈上一个新台阶；将充分利用新理论、新方法、新材料，有力推进学术创新、学科发展和人才造就，使内蒙古自治区传统优势学科进一步焕发生机，使新兴薄弱学科尽快发展壮大；"工程"将会在科研资料建设，学术研究，特色文化品牌打造、出版、传播、转化等方面取得突破性的成就，推出一批具有创新性、系统性、完整性的标志性成果，助推自治区人文社会科学研究和社会主义文化建设事业蓬勃发展。"内蒙古民族文化建设研究工程"的实施，势必大大增强全区各民族人民群众的文化自觉和文化自信，必将成为社会主义文化大发展大繁荣，实现中华民族伟大复兴中国梦的一个切实而有力的举措，其"功在当代、利在千秋"的重要意义必将被历史证明。

（作者为时任内蒙古自治区党委常委、宣传部部长，"内蒙古民族文化建设研究工程"领导小组组长）

目 录

第一章 达茂旗概况及相关研究综述 ……………………………………1

第一节 达茂旗沿革 ……………………………………………………1
  一 新中国成立之前的达茂旗 …………………………………1
  二 新中国成立以来的达茂旗 …………………………………4

第二节 达茂旗草原概况 ………………………………………………5
  一 草原基本情况 ………………………………………………5
  二 草原生产力状况 ……………………………………………8

第三节 达茂旗草原生态退化 …………………………………………9
  一 草原生态退化总体概况 ……………………………………9
  二 达茂旗草原生态恶化的原因 ………………………………11

第四节 相关研究综述 …………………………………………………13
  一 草原生态系统的研究 ………………………………………13
  二 水资源研究 …………………………………………………16
  三 畜牧业发展的研究 …………………………………………17
  四 社会变迁研究 ………………………………………………18
  五 民族文化发展变迁研究 ……………………………………20
  六 牧民生产生活方式的变迁研究 ……………………………21
  七 政策制度变迁研究 …………………………………………22

第二章 达茂旗草原畜牧业变迁 ………………………………………27

第一节 草原畜牧业变迁的概念界定 …………………………………27
  一 草原畜牧业变迁 ……………………………………………27
  二 达茂旗草原畜牧业变迁的概念界定 ………………………28

第二节　草原产权制度变迁……………………………………28
　　　　一　传统草原产权制度变迁的概述………………………29
　　　　二　新中国成立前达茂旗草原所有制变迁概况…………31
　　　　三　自治区成立以来达茂旗牧区草原所有制变迁情况…32
　　第三节　草原畜牧业生产经营方式的变迁……………………48
　　　　一　放牧方式的变化………………………………………49
　　　　二　组织和管理模式的变迁………………………………55

第三章　达茂旗草原畜牧业变迁的影响因素分析…………………64
　　第一节　政策调整的影响………………………………………64
　　　　一　新中国成立至改革开放期间的政策及影响…………64
　　　　二　改革开放至21世纪初的政策及影响 ………………68
　　　　三　21世纪以来的政策及影响……………………………72
　　第二节　人口迁移的影响………………………………………74
　　　　一　清代以来移民开垦的影响……………………………74
　　　　二　有组织的遣返外来人口的影响………………………76
　　　　三　生产建设兵团、知青下乡产生的人口迁移影响……77
　　　　四　矿产资源开发产生的人口迁移的影响………………79
　　　　五　生态移民、教育移民产生的人口流动的影响………81
　　第三节　草原生态环境变化的影响……………………………83
　　　　一　草原植被的变化及影响………………………………83
　　　　二　水资源的变化及影响…………………………………87
　　　　三　气候变化及影响………………………………………95

第四章　达茂旗草原畜牧业变迁对传统文化的影响………………103
　　第一节　传统游牧业中的生态文化……………………………103
　　　　一　草牧场保护意识………………………………………103
　　　　二　草牧场利用方式………………………………………105
　　　　三　畜群放牧管理技术……………………………………109
　　第二节　草原畜牧业变迁带来的变化及比较…………………112
　　　　一　草原畜牧业变迁带来的变化…………………………112
　　　　二　不同文化形态的比较…………………………………115

三　小结 ··116

第五章　达茂旗草原畜牧业现行政策评价 ·······························118
　第一节　草原畜牧业现行政策概述 ···118
　第二节　草原畜牧业现行政策效应评价 ····································119
　　　一　草原生态得到了一定恢复 ···119
　　　二　思想观念和生产、生活方式发生变化 ···························123
　第三节　政策实施过程中存在的问题 ······································124
　　　一　监管执法难 ···124
　　　二　回流现象比较严重 ···125
　　　三　出现"上有政策，下有对策"现象 ································126
　　　四　惠民政策制定和执行没有充分考虑牧区特点 ·················127
　　　五　没有出台促进牧业合作社发展的专项政策 ····················128
　　　六　思想引导和相应配套措施滞后，致使出现了一些
　　　　　社会问题 ··129
　第四节　完善现行政策的建议 ···130
　　　一　树立正确政绩观，做好政策制度的科学论证工作 ············131
　　　二　细化生态移民安置工作 ···132
　　　三　建立和完善补贴标准的适时增长机制 ··························132
　　　四　要让牧民从惠民政策中真正得到实惠 ··························132
　　　五　相关政策的制定应充分考虑草原畜牧业生产特点 ············133
　第五节　推动草原畜牧业产业化发展的探索 ····························133

第六章　达茂旗草原生态旅游业刍议 ··136
　第一节　草原生态旅游资源 ··137
　　　一　草原生态景观 ···137
　　　二　名胜古迹 ···137
　　　三　景区景点 ···139
　第二节　草原生态旅游存在的问题和制约因素 ··························141
　　　一　淡旺季反差巨大 ··141
　　　二　旅游资源开发不足 ···141

三　景区管理水平有待提高 …………………………………141
　　四　旅游宣传推介力度不够 …………………………………142
　第三节　草原生态旅游业发展的对策和建议 …………………142
　　一　不断提高草原生态旅游环境承载力 ……………………142
　　二　注重旅游文化创意，打造和发展特色品牌旅游产品 ……143
　　三　注重草原体验项目的设计 ………………………………143
　　四　完善生态旅游基础设施建设 ……………………………143
　　五　重视草原生态旅游产业集群发展 ………………………143

参考文献 ……………………………………………………………145
后　　记 ……………………………………………………………148

第一章 达茂旗概况及相关研究综述

达尔罕茂明安联合旗（简称达茂旗，下同）位于内蒙古自治区中北部，包头市正北部、阴山北麓，位于东经109°16′—111°25′，北纬41°20′—42°40′之间，是内蒙古20个边境旗（市）和33个牧业旗之一。达茂旗东邻乌兰察布市四子王旗，西接巴彦淖尔市乌拉特中旗，南连呼和浩特市武川县、包头市固阳县，北与蒙古国东戈壁省接壤，国境线长88.6千米，中蒙满都拉—杭吉口岸是内蒙古自治区向北开放的重要通道之一。达茂旗地域辽阔，南北纵深160千米，东西跨度150千米，全旗总面积18177平方千米。境内有国家级重点保护文物汉长城和敖伦苏木城遗址，以及闻名中外的乌兰察布岩画，并蕴藏着大量铁矿、稀土、煤炭、石油等资源。作为全旗的政治、经济、文化中心，旗政府所在地百灵庙镇位于呼包鄂两个小时经济辐射圈，地处阴山北麓咽喉要道，历史上是连接内地和塞外的重要交通枢纽，是驰名中外的边境要塞，也曾是兵家必争之地，素有"草原码头、陆路口岸"之美称。

第一节 达茂旗沿革[①]

一 新中国成立之前的达茂旗

早在青铜器时期，达茂旗境内就留下了人类活动的足迹。闻名中外的乌兰察布草原岩画，充分证明广袤无垠的达茂旗草原在数千年间是狩猎民

[①] 若无特殊说明，本节内容摘选自《达尔罕茂明安联合旗志》编纂委员会：《达尔罕茂明安联合旗志》，内蒙古人民出版社1994年版。

族繁衍生息的地方。春秋战国时期地属林胡、楼烦。秦汉时属九原郡北境，为匈奴族游牧地。三国、两晋时，属拓跋鲜卑族故地，属怀朔镇管辖。隋唐为东突厥据地，五代时为鞑靼部据地。辽为丰州北境及东胜州，地隶西京道。入金后，属西京路净州辖。大定十八年（1178年），置净州天山县，辖今旗境。明昌元年（1190年），金大臣宗浩、独吉思忠始修金堑壕（亦称金长城、边墙）。今本旗境内坤兑滩、额尔登敖包等地均有金堑壕遗址。金章宗时，散居于阴山以北的汪古部（亦称白达达）为金王朝守护净州以北边墙。

金泰和四年（1204年）夏秋之际，铁木真亲率蒙古各部大军，直逼西北乃蛮部领地，发起了统一蒙古诸部的关键一役——"纳忽昆"之战，以灵活多变的运动战术，赢得此役的全胜。为金守边墙的汪古部首领阿剌忽失的吉惕忽里也率本部人马积极参战，提供粮草，充当向导，战功显赫。蒙古汗国建立后，被成吉思汗封为88名功臣之一，论功授予五千户，仍令其管理汪古部。金泰和七年（1207）年，成吉思汗将三女儿阿剌合别乞嫁于阿剌忽失的吉惕忽里，相约为"世婚世友"。阿剌合别乞公主曾代行汪古部首领之职统辖漠南蒙古诸部，称其为"监国公主"。金正大七年（1230年），设德宁路，领县一。元朝将净州、德宁、集宁、砂井等城池封为汪古部领地。后，阿剌忽失的吉惕忽里后裔被元朝封为高唐王、赵王。因此，净州、德宁等地又称驸马赵王封地。

明朝中叶，成吉思汗第十五世孙巴图孟克达延可汗统一了长城以北蒙古诸部，并在正德七年（1512年），将蒙古部落划分为左右翼六个万户，旗地属右翼土默特万户北境。16世纪40年代，达延汗之孙土默特部阿拉坦汗实力逐渐强撑起来，统辖右翼三万户。旗地属阿拉坦汗领地，旗境哈拉勿苏城（原汪古部首府德宁路、今敖伦苏木古城遗址）便成为阿拉坦汗的避暑行宫和围猎场所。

清朝，今达茂旗分别属于达尔罕旗、茂明安旗和席勒图旗三个旗境。顺治十年（1633年）二月，元太祖成吉思汗十六世孙格列森扎扎赉尔珲台吉后裔本塔尔，偕弟本巴什希、扎木素、从子衮布等，自喀尔喀土谢图汗部率千余户归附清朝。是年三月，诏封本塔尔为札萨克和硕达尔罕亲王，统其众，赐牧于大青山北部的塔尔浑河及艾不盖河流域。与内札萨克蒙古诸部并列，诏世袭罔替，为喀尔喀右翼旗。札萨克驻地在塔尔浑河畔（今黄花滩水库南敖包附近），有爵四、亲王一、郡王一、贝子一、镇国公一。设苏木四个，佐领四人。

康熙九年（1670年），本塔尔第四子诺内接替亲王爵位，先后携本部人马，随清军西征噶尔丹，受到康熙帝赞赏。康熙四十一年（1702年），在诺内亲王主持下，开始修建塞外名刹"广福寺"（即百灵庙）。康熙四十七年（1708年），爵位传至诺内之子詹达固密时，由亲王降袭札萨克多罗达尔罕贝勒，自此喀尔喀右翼旗改称达尔罕贝勒旗。

而茂明安旗则属于成吉思汗胞弟哈布图哈萨尔后裔。后金天聪七年（1633年），哈布图哈萨尔后裔茂明安部长车根和固穆巴图尔、台吉达尔玛岱衮、乌巴什等，归顺皇太极，并参与后金联合军征伐察哈尔部林丹汗。次年，台吉扎固海杜凌、巴达玛、阿布泰、额尔忻岱青等先后来归。康熙三年（1664年），清廷封车根长子僧格为札萨克一等台吉，赐牧于艾不盖河源，为茂明安旗。札萨克驻牧彻特塞哩，有爵二，札萨克一等台吉一、多罗贝勒一。旗下设东苏木、中心苏木、西苏木、希鲁苏木，有佐领四人。清康熙年间，喀尔喀右翼部一旗、茂明安部一旗、四子部落一旗及乌拉特部东公、中公、西公三旗首次会盟于今达茂旗小文公的乌兰察布地方。

民国时期，达尔罕贝勒旗和茂明安旗延用旧制。民国三年（1914年），绥远与山西分治后，达尔罕贝勒旗、茂明安旗隶属绥远特别行政区。民国十七年（1928年），绥远特别行政区改为绥远省，旗地属绥远省乌兰察布盟管辖。民国二十三年（1934年）4月23日，蒙古地方自治政务委员会在达尔罕贝勒旗百灵庙成立。国民政府委任达尔罕贝勒旗札萨克亲王云端旺楚克为委员长。民国二十六年（1937年）10月2日，百灵庙被日伪蒙古军侵占。民国二十八年（1939年）9月1日，伪"蒙疆联合自治政府"宣告成立，伪"乌兰察布盟公署"也随之在百灵庙成立，任命巴宝道尔吉为盟长、沙拉巴道尔吉为副盟长、山本信亲为主任顾问。管辖地区除原有六旗外，又增加一个固阳县。1945年8月日本侵略者投降后，达尔罕贝勒旗属绥北行政区管辖。是时，国民党傅作义部队进驻本旗，并在百灵庙设立了办事处。

二 新中国成立以来的达茂旗

1949年9月19日,绥远省和平解放,达尔罕贝勒旗、茂明安旗仍属绥远省乌兰察布盟辖之。1950年5月1日和6月1日,达尔罕贝勒旗与茂明安旗相继建立了人民政权。同年,达尔罕贝勒旗改为达尔罕旗。1952年10月,达尔罕旗与茂明安旗合并,建立达茂旗,旗府设在百灵庙镇,下设3个努图克、3个区。1954年3月5日,中央撤销原绥远省建制,将其辖地归入内蒙古自治区,将达茂旗划归内蒙古自治区乌兰察布盟(现乌兰察布市)管辖。同年,土默特旗的第七区(席力图召)以及小文公、石宝库伦等地划归达茂旗。1956年,撤区、努图克建制,全旗划为11个苏木、乡和1个镇、2个牧场。1958年年底至1959年春,全旗实现人民公社化,牧区建立了6个人民公社,农区建立了4个人民公社。1962年调整行政区划,牧区划为10个人民公社,农区划为9个人民公社。1984年,改社划乡,全旗划为1个镇、11个苏木、9个乡和2个牧场,下设8个居民委员会、44个嘎查、50个村民委员会、378个自然村。2001年,根据内蒙古自治区党委办公厅、人民政府办公厅《关于调整撤并苏木、乡、镇和嘎查村的意见》[内党办发(2001)1号]要求,达茂旗将原有21个苏木乡镇合并调整为17个,撤销了巴音塔拉苏木,原行政区域划归满都拉苏木;撤销西营盘乡,原行政区域划归小文公乡;撤销腮忽洞乡,原行政区域划归乌克忽洞乡;撤销坤兑滩乡,原行政区域划归石宝乡;将红旗牧场的管辖区域划归巴音珠日和苏木。2002年,希拉穆仁苏木、满都拉苏木和石宝乡撤苏木、乡建镇。2005年,红格塔拉种羊场划归百灵庙镇管辖。2006年机构改革,又由17个苏木乡镇调整为7个镇、3个苏木、2个乡、1个工业园区,分别为百灵庙镇、石宝镇、乌克忽洞镇、希拉穆仁镇、明安镇、巴音花镇、满都拉镇,达尔汗苏木、巴音敖包苏木、查干哈达苏木,小文公乡、西河乡和巴润工业园区。下设6个社区居委会、39个嘎查委员会、38个行政村委会,有353个自然村。据第六次全国人口普查,全旗总人口为10.15万,其中农业人口占总人口的73.39%。

第二节　达茂旗草原概况

达茂旗位于大青山北麓，旗境中西部多山，南部丘陵起伏，东北部为广阔的波状高平原和盆地，植被类型以草原为主，草场资源丰富。据2010年草原普查，全旗天然草原面积为2474万亩，占土地总面积的90.7%，可利用草原面积为2229.77万亩，占草原总面积的90.1%。

一　草原基本情况

（一）草原类型及分布

达茂旗草原是内蒙古草原的重要组成部分，植被类型为温带干旱、半干旱气候条件下多年生旱生草本，以戈壁针茅为主，草地植被群落结构简单，草层低矮、稀疏。因地形、土壤、水热等条件的不同，旗境内草原自然景观存在显著差异，从南向北依次跨越温性典型草原、温性荒漠草原和温性草原化荒漠三个自然植被带，在各带间零星分布着非地带性的低地草甸。天然典型草原、荒漠草原、草原化荒漠和低地草甸面积分别占草场总面积的25.64%、54.93%、13.72%和5.71%，以荒漠草原为主，典型草原次之（见图1-1）。

典型草原以多年生、旱生草本植物占优势，主要分布在低山丘陵区，可利用面积701.84万亩，土壤为栗钙土，草地植被的植物组成相对较高，平均每平方米内有植物超过15种，其中以旱生植物为主，主要建群种或优势植物有克氏针茅、长芒草、冷蒿、羊草、小叶锦鸡儿、狭叶锦鸡儿等。主要分布在巴音敖包的南边，百灵庙到新宝力格沿线南部丘陵及地势较高平原上，植被覆盖率25%左右。灌木高度均值为15厘米左右，草本植物高度约10厘米，占据草场整体面积的35%左右。

荒漠草原以稀疏的多年生、强旱生草本植物为主，并混有大量旱生小半灌木，可利用面积1091.96万亩，植被主要由四种矮小型针茅属植物建群的地带性群落组成，其中戈壁针茅荒漠草原是最优势的类型，占据着层状高平原典型的显域地境，分布极其广泛，群落类型分化多样。主要分布在旗境中部,草本植物高度为8—16厘米,植被覆盖程度为25%左右。灌木高度均值为20—40厘米,占草场总面积的60%左右。

草原化荒漠是典型草原向荒漠的过渡,由强旱生灌木、半灌木及丛生禾草组成,主要为剥蚀残丘和高平原低地草原化荒漠,可利用面积273.5万亩,土壤为棕钙土(淡钙土),地表沙化、砾化明显,植被组成较单纯,平均每平方米内有6—13种植物,主要建群或优势植物有红砂、珍珠、藏锦鸡儿、盐爪爪小针茅、戈壁针茅、松叶猪毛菜等。主要分布在旗境北部,植被相对稀疏,草群覆盖率15%—22%,灌木高度均值为16厘米左右,草本植物高6—10厘米。

低地草甸是在以上三类草地内镶嵌分布的非地带性草原,主要为河泛地、低湿地草甸草原,可利用面积162.47万亩,土壤为栗钙土,草地植物种类组成相对丰富,平均每平方米植物种数20—35种。主要建群或优势植物有苔草、羊茅、羊草、草麻黄等。分布在各自然带中的河滩地、低洼沟谷、湖盆周围和冲洪积扇的地下水溢出地带。该类型的优势植物因其所处自然地带不同而异,植被盖度可达40%—50%。

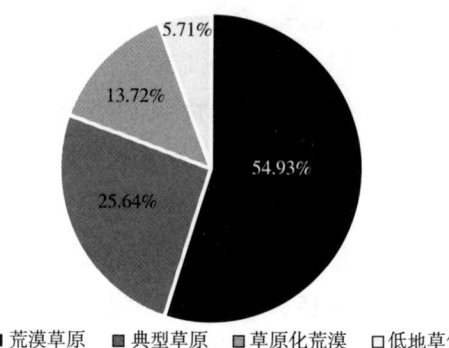

图1-1 达茂旗各草原类型比例

资料来源:《达尔罕茂明安联合旗志》,内蒙古人民出版社1994年版。

(二)2014年达茂旗草原植被状况

1. 气温和降水因素

气温和降水量是决定牧草长势的两个最主要的因素。据达茂旗草原监督管理局对天然草原的监测,2014年4—5月份达茂旗全旗平均降水量为37.1毫米,与历年同期平均降水量相比增加了13.8毫米,但由于春季气温回暖较慢、气温偏低，牧草返青较往年推迟10—15天左右，直到5月中旬全旗大部分地区才基本返青，牧草进入生长期。6—8月份为牧草生长期，平均降水量153.4毫米，与历年同期平均降水量相比减少了6毫米，且分布不均，降水量从西南向东北递减，全旗总体评估为平年年景。

2. 草原植被情况

据2014年7月份牧草长势调查结果显示，全旗不同类型的天然草原平均高度为14.4厘米，平均盖度为23.4%，每平方米植物种数4—9种，平均亩产干草30.8千克。与上年同期相比牧草高度增加了2.2厘米，盖度减少了0.3个百分点，产草量增加了4千克。至8月中旬牧草生长高峰期，不同类型的天然草原植被平均高度为21.2厘米，平均盖度为26.8%，每平方米植物种数6—9种，平均亩产干草43.8千克（见表1-1）。可以看出，2014年达茂旗天然草原夏季牧草生长良好。

表1-1　　　　达茂旗2014年不同类型天然草原监测

草地类型	草群高度（厘米）	植被盖度（%）	种数（种/平方米）	产量（干重，千克/亩）
典型草原	18.0	29.6	9	49.5
荒漠草原	13.0	23.4	8	34.5
草原化荒漠	12.3	23.3	7	27.9
低平地草甸	135	55	6	145.1
平均	21.2	26.8	8	43.8

资料来源：达茂旗2014年草原监测报告。

从草群高度指标看，2014年监测结果显示，全旗牧草平均高度为21.2厘米，与上年平均高度相比减少了0.5厘米。不同的草原类型草群高度差异明显，由南向北随降水量的减少而降低。全旗草群平均高度变幅在12.3—135厘米。三种地带性草原的草群高度相差不算太大，变幅在12.3—18.0厘米，相差5.7厘米，非地带性的低平地草甸高度较高，与其他三种草地类型差距明显，与草原化荒漠高度相差122.7厘米，与典型草原高度相差117厘米。从植被盖度指标看，监测结果显示，全旗植被平均盖度为26.8%，与上年相比增加了3.8个百分点。隐域性低平地草甸植被盖度最大，平均为55%，草原化荒漠平均盖度最小，为23.3%，两者之间相差31.7%。典型草原和草原化荒漠之间的盖度相差6.3%。另外，低平地草甸每平方米种数最少为6种，典型草原最多为9种，全旗平均水平为8种。

二 草原生产力状况

（一）牧草产量

达茂旗全旗可利用草地面积2229.77万亩，据监测全旗2014年天然草原牧草平均单产为257千克/亩干草，牧草生长高峰期总产量为10.36亿千克干草。与上年相比平均单产增加了2.4千克/亩，总产量增加了1.86亿千克干草，比上一年的牧草长势要好。四类草原的平均单产变幅在27.9—145.1千克/亩，牧草总产量为7630.65—37672.62万千克干草（见表1-2）。

表1-2　　　　　　达茂旗2014年天然草原牧草产量

草原类型	可利用草地面积（万亩）	平均单产（千克/亩）	牧草干草总产量（万千克）
典型草原	701.84	49.5	34741.08
荒漠草原	1091.96	34.5	37672.62
草原化荒漠	273.50	27.9	7630.65
低平地草甸	162.47	145.1	23574.40
合计	2229.77	257	103618.75

资料来源：达茂旗2014年草原监测报告。

（二）载畜能力

达茂旗2014年全旗天然草原冷季可食饲草单产为80.1千克/亩，冷季可食饲草总储量为35970.83万千克干草，平均适宜载畜量为98.4亩/只，天然草原适宜饲养量为97.52万只绵羊单位。典型草原适宜载畜量19.1亩/只，适宜饲养量为36.71万只绵羊单位。荒漠草原29.8亩/只，根据冷季可食饲草饲料储量计算，适宜饲养量为36.69万只绵羊单位。草原化荒漠40.1亩/只，适宜饲养量为6.82万只绵羊单位。低平地草甸9.4亩/只，适宜饲养量为17.30万只绵羊单位（见表1-3）。

表1-3　　达茂旗2014年冷季可食饲草饲料储量及牲畜饲养量

草地类型	可利用草地面积（万亩）	可食用饲草单产（千克/亩）	可食用饲草储量（万千克）	适宜载畜量（亩/只）	适宜饲养量（万只绵羊单位）
典型草原	701.84	19.3	13545.51	19.1	36.71
荒漠草原	1091.96	12.4	13540.30	29.8	36.69
草原化荒漠	273.50	9.2	2516.20	40.1	6.82
低平地草甸	162.47	39.2	6368.82	9.4	17.30
合计	2229.77	80.1	35970.83	98.4	97.52

资料来源：达茂旗2014年草原监测报告。

第三节　达茂旗草原生态退化

一　草原生态退化总体概况

达茂旗地处阴山北麓，位于我国农牧交错带的北缘，以农为主的半农半牧和纯牧业经济界限非常明晰，具有典型的阴山北麓浅山丘陵农牧交错带的地域特征。由于达茂旗地处典型草原向荒漠的过渡地带，自身自然生态十分脆弱，再加之全球性气候变化和人为不合理开发利用，全旗水土流失、风蚀沙化、草地退化比较严重，是内蒙古自治区生态环境最为脆弱地区之一。近年来，全旗不断加大生态环境保护和建设力度，累计治理水土流失面积88967公顷，其中建设基本农田5094公顷，人工种草和改良草地8545公顷，人工造林12638公顷，围栏封育62690公顷，但全旗自然生态环境仍非常脆弱，草原生态退化现象仍不同程度存在。

（一）水土流失严重，治理程度低

达茂旗水土流失面积广，侵蚀强度大，截至2005年全旗水土流失面积就达16176.3平方千米，占到全旗总土地面积的89%，而治理程度却很低，仅占5.5%。因此，水土流失已成为制约当地农牧业生产的主要因素之一。达茂旗历史上曾经是水草适宜的牧场，19世纪初至新中国成立前，历代统治者实行"开荒屯边"政策，先后经历四次大的"垦荒"，每次都伴随大量移民流入。由于人口增加，导致土地负荷加大，不合理的垦殖开荒，破坏了天然植被，造成了严重的水土流失。尤其是坡梁地的开荒种植，植被破坏后的裸地在暴雨冲刷下更易发生水土流失。近年来，不合理的开矿、筑路等人为干扰加重了该地区水土流失程度，全旗水土流失范围、侵蚀强度、危害程度呈加剧趋势。尤其以旱作农业为主的南部地区由于长期的不合理耕种和弃耕撂荒，水土流失更为严重。南部地区总面积3165.44平方千米，占全旗总面积的17.41%，而其土壤侵蚀面积高达2783.13平方千米，占该区总面积的87.92%。

（二）草地退化、沙化严重

达茂旗以荒漠草原为主体，是我国北方重要的生态防线。达茂旗草场面积辽阔，牧草品种达380多种，但以荒漠草原和草原化荒漠为主体，地面植被稀疏，光能利用率仅为0.1%—0.3%，生产能力低下。每1.67公顷草原才能养一只羊。近年来，由于自然因素和人为因素的影响，草原生态环境遭到严重破坏，草地生产力持续减退，载畜量下降，草场退化、沙化日趋严重，已成为我国华北地区的重要沙尘源之一。据了解，2014年全旗可利用草地面积2229.77万亩，其中退化、沙化仍有1811.5万亩，这一数据虽然比2005年的2128.71万亩有显著下降，但仍占全旗可利用草原面积的81.2%，其中重度、中度退化草地占到26.9%。

（三）土地荒漠化、盐渍化加剧

达茂旗地域辽阔，土地面积广大，但绝大部分土壤质地粗糙，含沙量大，土层薄，物理结构不良。由于毁草开荒、滥垦过牧和农耕地的弃耕，致使天然植被遭受破坏，裸露土地增加，荒漠化面积不断扩大。在南部农业区，5.33万公顷耕地资源中有97.9%为有机质含量较低的淡栗钙土，保灌面积只有0.27公顷，多属坡梁地。由于风蚀沙化、水土流失，加之耕作中重用轻养、肥料不足等使耕地有机质含量逐年减少，耕地肥力普遍下降，氮、磷、钾比例失调。而荒漠化导致土地生态系统失衡，更加重了自然灾害的危害程度。全旗平均每年有29.6万公顷的农田和草牧场遭受风沙危害，造成农田、草地沙质化和砂砾质化。同时，因为一些企业和个人打深井超量采水，使得地下水位严重下降，部分浅滩湖泊也很多年不再有积水，加剧了荒漠化进程。此外，达茂旗土壤的盐渍化问题也不容忽视，它是在地形低洼、地下水位高、矿化度高，地表、地下径流滞缓条件下形成的，盐渍化土壤面积为180.45万亩，约占全旗土地总面积的0.60%，属于轻度和中度盐渍化土壤。

二 达茂旗草原生态恶化的原因

（一）自然因素

达茂旗位于内蒙古高原中西部，属内蒙古草原由干旱、半干旱草原向荒漠半荒漠草原的过渡带，地处巴丹吉林沙漠、库布其沙漠东缘，典型内陆干旱地区，降雨季节短暂，降雨量少。全旗多年平均降雨量256毫米，降水多集中在6—9月份，占全年降雨量的87%，且年际变化大，时空分布不均。地表水缺乏，径流量小，且分布不均，地下水总储量低，一般干旱年份发生频率达60%，大旱年份发生频率高达25.5%，可谓"十年九旱，年年春旱"。春旱使牧草返青期推迟，生长期缩短，影响草场的生产能力和保存率。风大沙多，全旗多年平均大于8级大风日数达67天，沙暴日数20—25天，沙尘暴的侵袭将地表土壤风蚀，使土壤有机成分降低，肥土被刮走，留下粗大沙粒，加剧了土壤的沙化、砾石化和荒漠化进程，而且丰富的沙物质致使风蚀沙化现象更为严重。全旗土壤主要以栗钙土、棕钙土为主，土壤质地多为沙壤、轻壤土，并有不同程度的砾质化，土壤贫瘠，有机质含量差，抗侵蚀能力低，加之长期以来开发利用失当，可直接起沙。分布于更新世形成的伏沙带上（西河乡、乌兰忽洞乡、乌克忽洞乡、坤兑乡）的沙质栗钙土，一经开垦，伏沙露出，也使土地沙化。同时，植被条件不良，植被稀疏，植物群落结构简单，草群盖度一般为20%左右，森林覆盖度仅为1.9%，生态调节能力弱，抗御和减轻自然灾害的能力差。

（二）人为因素

1. 人口增长过快是导致生态环境恶化的重要原因

除新中国成立初期自然增长外，20世纪60年代初困难时期的大量移民和"文化大革命"期间大量外地人口流入，使达茂旗人口迅速膨胀。人口的增长，人均消耗资源水平不断提高，引发家畜饲养量增加，耕地不断扩大，有限环境超负荷，掠夺式利用环境资源必然破坏生态环境。牧区牲畜头数增长过快，且居高不下，长期超负荷利用，牧草没有吸收营养转化能量的机会，再生能力受到限制，最后导致退化消失，草地生产能力降低，出现沙漠化、沙化的现象。

2. 乱开乱采严重破坏生态

达茂旗历史上曾先后出现了四次大开荒。20世纪初及20世纪50、60年代，大量移民涌入，盲目开垦草原种地。由于大部分土壤土质差，土壤表土层厚度多在30厘米之内，肥力差，同时植被脆弱，降水量又不能满足农业生产的需求，长期形成"靠天吃饭"的模式，土地快速退化，许多土地失去耕作价值而被弃耕，又缺乏森林或植被保护，大风肆意刮走表土层，土地逐渐沙石化。地下水资源过度开采，加速了荒漠化进程。同时，由于矿产资源丰富，但缺乏合理规划，滥采滥挖现象严重，废水废渣乱堆，自然公路增多，植被严重遭受破坏。

3. 草牧场超载过牧现象普遍存在

新中国成立后，达茂旗草原畜牧业从传统游牧逐步转为定居放牧业，使畜牧业生产水平有了显著的提高。尤其改革开放以后，牧区普遍推行草畜双承包，草原畜牧业的生产力水平再次跃上新台阶，各种畜产品产量普遍增长3—5倍。由于改革开放初期，牧区首先对牲畜进行承包，而草牧场承包相对滞后，同时又追求"头数畜牧业"，一时间牧区普遍出现所谓的"公地悲剧"现象，使当地草地生态受到严重破坏。达茂旗全旗可利用草原面积约2229.77万亩，其中61%属于荒漠草原和草原化荒漠。据统计，1949年全旗牲畜头数为19.5万头（只）。实施家庭承包责任制初期（1986年），全旗牲畜头数已达到88万头（只）。此后便进入长达十年的快速增长阶段，到1997年第二轮草牧场承包时，全旗牲畜头数迅速发展到了146.2万头（只），年均增长约5万头（只），出现严重超载现象。同时，对草地的利用方式没有进行相应调整。由于很长一段时间内草场使用权不固定，放牧无计划，随牲畜头数的增加抢收、借牧、无度打草现象普遍，对草原环境造成了极大破坏，使天然植被得不到休养生息，生产力急剧下降。而且在大多数地区人口和牲畜头数快速发展的同时，草原管理和草原建设投入不够，致使草原建设没有同步跟上。

传统草原畜牧业相对缺乏建设养畜思想。牧民少有饲草料储备和固定棚圈，在自然灾害来临时，牧民和牧区经济容易受到损失。一方面，在自然灾害频繁的情况下，畜牧业再生产会陷入恢复—萎缩—再恢复—再萎缩的恶性循环。另一方面，传统畜牧业产业关联度低，附加值也低，草畜产品的利润大量流失在中间环节上。于是，增加牲畜头数又成了新一轮恶性循环的开始。

第四节　相关研究综述

一　草原生态系统的研究

达茂草原位于祖国北疆，是我国北方的重要生态防线，其草原生态环境可持续发展关系到国家边疆和谐稳定和全国生态环境的良性循环。因此，党和政府非常重视达茂草原生态系统的安全稳定。早在1991年，达茂旗就成立了草原生态环境监测站，开始每年对地面草场进行常规定位连续监测。1992年内蒙古环境监测中心站开始研建达茂旗草原生态环境信息系统，1994年正式投入运行。该系统利用遥感技术和信息技术对达茂旗草原生态环境实行宏观监测分析，开展相应决策咨询与应用研究。

学者们也非常关注达茂草原生态系统的变化。早在1999年昝成功和武侃强就对达茂旗草原生态环境受损问题进行了研究，认为新中国成立以后人类不合理利用草原，是导致生态环境失衡的主要原因[1]。聂素梅等人提出通过松土加围封来增加土壤含水量，提高植被高度、盖度、密度和生物量，以改善达茂旗草原生态环境[2]。霍秀芳等人运用大量统计数据，分析达茂旗草原生态环境恶化现状，并从自然、社会和人为三个方面，探究了生态环境恶化的原因，提出近期、中期和长期治理对策[3]。特别值得一提的是，内蒙古科技大学的霍擎教授，对达茂草原生态系统进行了长期研究，曾连续撰文研究不同时期达茂旗土地退化状况，并对不同年份草原状况进行了比较研究。如：通过对1975年、1999年和2003年草场相关统计

---

[1]　昝成功、武侃强：《达茂旗草原生态环境受损问题》，《内蒙古环境保护》1999年第2期。
[2]　聂素梅等：《达尔罕茂明安联合旗退化天然草场松土围封效果分析》，《内蒙古草业》1999年第4期。
[3]　霍秀芳等：《达茂旗生态环境现状及治理对策》，《内蒙古科技与经济》2001年第1期。

数据比较发现，1975年至1999年退化草场总面积由39.4%增加到48.3%，上升了8.9个百分点；在3个级别的退化草场中，轻度退化草场比例下降了9.81个百分点，重度退化草场下降了0.09个百分点，而中度退化草场上升了11.29个百分点；1975年至2003年，在3个级别的退化草场中，退化草场总面积由39.4%增加到46.4%，上升了7个百分点；在3个级别的退化草场中，轻度退化草场下降了4个百分点，重度退化草场下降了7.86个百分点，而中度退化草场上升了11.6个百分点。而1999年至2003年，退化草场总面积又由48.3%下降为46.4%，下降了1.9个百分点，轻度和重度草场退化的比例下降，中度退化草场比例有所上升[①]。

随着现代科学技术和数字计算技术的发展，草原生态研究的深度和广度不断扩展，研究方式也发生了改变。阿荣等较早采用卫星遥感技术和地理信息系统对达茂草原生态进行了研究。他运用卫星遥感技术和信息技术编制了达茂旗景观生态类型图，并对该区域景观的多样性、优势度、破碎度、斑块分布特征等宏观监测指标进行了详细分析，认为达茂旗草原生态环境恶化现象已十分明显，并有继续恶化的趋势[②]。李红梅根据草原生态环境监测数据对草原景观特征、区域现状、人为利用状况、生态环境态势进行了分析，提出区域生态环境保护的具体对策[③]。杨瑾认为达茂旗草原生态恢复没有达到预期效果，关键在于政策执行的不力，并对政策执行不力的主、客观原因进行了分析[④]。

王安琪等人以1988年和2002年的TM遥感影像为基本信息源，运用地理信息系统和地面调查数据对遥感影像进行了对比综合分析和研究，认为2002年达茂旗草地景观面积缩小了963029公顷，面积减少幅度最明显的草地为冷蒿草原和盐化草甸；林地和水域斑块数量减少，其中水域、低湿地草甸、荒漠化草原、平原丘陵荒漠草原的斑块数量减少明显；草地沙漠

---

① 霍擎：《包头市达茂旗土地退化及其治理对策研究》，《阴山学刊》2003年第2期；霍擎：《包头市达茂旗土地退化现状及其成因分析》，《资源开发与市场》2006年第2期。
② 阿荣等：《内蒙古达茂旗草原生态环境》，《内蒙古环境保护》1997年第3期。
③ 李红梅：《达茂旗草原生态环境监测与区域生态环境保护对策》，《前沿》2007年第12期。
④ 杨瑾：《从禁牧看政策执行不力——以内蒙达茂旗某镇为例》，《传承》2008年第6期。

化面积增加[1]。霍擎又以1990年和2008年的TM遥感影像为基本信息源，并结合野外地面定位调查搜集到的数据，对达茂草原荒漠化进行了动态监测，认为达茂旗荒漠化土地总面积变化不明显，但风蚀荒漠化占主导，占荒漠化总面积的92.66%，重度风蚀荒漠化面积2008年比1990年增加12700公顷；并提出了控制土地荒漠化，退化土地生态恢复重建的对策与措施[2]。贾辅亚选择2000年、2008年两个时段，利用3S技术对达茂旗的生态环境状况及动态变化进行了研究，认为达茂旗生态环境状况略有好转，但各级政府要充分认识达茂旗的生态环境特点及变化趋势，在尊重客观规律的基础上，制定生态环境保护和发展规划，以促进达茂旗生态环境的改善[3]。贡吉玛运用卫星遥感技术和信息技术，结合地面采集数据和历史资料，在制作草原资源类型专题图件基础上，分析草原类型空间分布特征，并为草原保护和合理利用提供了科学依据[4]。徐海源通过实践，并采用定性与定量分析方法得出草地退化的主要因素中自然因素占30.78%，人类活动因素占51.24%，社会因素占17.98%，人类活动是导致草原退化的主要因素，自然因素及社会因素对草场退化起到了促进或延缓作用。应正确处理草原保护、建设、利用与畜牧业生产发展的关系，并提出草地退化综合治理技术与模式[5]。刘艳萍和荣浩选择达茂旗希拉穆仁镇南部作为试验区，将试验区划分为合理放牧区（轻牧区LG）、超载放牧区（CG）、轮牧放牧区（RG）和禁牧区（CK）四个组，在每年放牧时间（6—9月）内每半月分别对植物种类、高度（h）、盖度（w）、产量（W）以及土壤机械组成和风蚀输沙率等指标进行测定，同时对试验羊质量、饲喂管理数据测试。通过对测定、测试数据客观分析发现：超载放牧不仅使植被盖度、

---

[1] 王安琪等：《基于TM影像的内蒙古达茂旗草地景观格局动态分析》，《中国草地学报》2009年第5期。

[2] 霍擎等：《基于RS与GIS的达茂旗土地荒漠化动态监测》，《安徽农业科学》2011年第7期。

[3] 贾辅亚：《基于3S技术的包头市达茂旗生态环境质量监测与评价》，硕士学位论文，内蒙古大学，2011年。

[4] 贡吉玛：《达尔罕茂明安联合旗草原类型空间分布的特征》，《内蒙古草业》2011年第3期。

[5] 徐海源：《内蒙古达茂旗天然草地退化原因及防治模式研究》，硕士学位论文，中国农业科学院，2006年。

高度和产量大幅度下降，裸地率增加，而且使地表粗糙度变小，风蚀输沙率增大，风蚀作用增强。而合理放牧方式，不但能促进牧草生长发育，保护草地的植物多样性，而且能防止草场进一步沙退化，反而有利于草场的持续利用[1]。籍晓婧利用遥感数字制图技术对达茂旗坤兑滩乡草原植被状况进行了分析，认为达茂旗在长期的自然和人为的综合干扰下，土地荒漠化日趋严重，特别是沙尘暴发生的频率加快、强度越来越大[2]。此外，还有萨日娜选取17个代表性评价指标，建立荒漠草原生态安全评价指标体系，运用层次分析法和专家评分法，确定评价指标权重值，运用加权模型计算生态安全综合指数值。根据评价指数分析，将达茂草原划分为5个荒漠草原生态安全类型区，并对不同生态安全区不稳定态势进行了分析，提出确保达茂旗生态安全保护和发展的对策[3]。

二 水资源研究

干旱草原植被是否能够得以恢复，区域水文环境是其决定性因素。因此，要研究达茂旗天然草地退化原因和达茂旗草原畜牧业发展现状与趋势，必然要研究当地水资源。郝和平和郭克贞对达茂旗节水灌溉工程和草业节水灌溉效果进行了分析，认为达茂旗应发展饲草料地节水灌溉[4]。刘宽海对达茂旗水资源现状和水资源开发利用进行了分析，并阐述了地下水资源开发利用存在与面临的问题及其对策[5]。延文龙等人通过对达茂旗污染源调查、实地水质监测分析和污染成因分析，并采用内梅罗指数法对该研究区地下水环境质量进行综合评价，认为达茂旗地下水环境质量处于较差与极差之间。杨慧忠等人对干旱牧区水资源承载能力进行了分析，并利用草原耗散机理，结合熵值法与主观赋权法建立草原灌溉水资源优化配置

---

[1] 刘艳萍、荣浩：《不同放牧方式对草场沙退化影响的试验研究》，《水土保持应用技术》2008年第4期。

[2] 籍晓婧：《达茂旗植被指数遥感信息分析》，《西部资源》2013年第6期。

[3] 萨日娜：《荒漠草原生态安全综合评价研究》，硕士学位论文，内蒙古师范大学，2013年。

[4] 郝和平、郭克贞：《达茂旗节水灌溉草业经济效益计算分析》，《内蒙古水利》2006年第4期。

[5] 刘宽海：《达尔罕茂明安联合旗水资源状况与利用分析》，《地下水》2007年第6期。

模型，通过模型指标综合概算，提出发展人工灌溉饲草料地是改善达茂旗草原生态，促进草地畜牧业发展方式转变、生产能力升级的根本之路[①]。廖梓龙等通过单因子评价法和灰色聚类综合评价法分别对达茂旗地表水和地下水环境进行水质评价，结果显示达茂旗地表水和地下水环境污染严重[②]。刘华琳等人近年来从多个方面对达茂旗水文环境进行了研究，利用水文地质空间信息系统（HSIS）对地下水及其环境问题进行了分析[③]，通过对天然植被生态需水量[④]、植被种群生长与覆盖率和地下水位深度的相关关系的研究，认为在对地下水开采时，如果导致地下水埋藏深度超过当地草原生长适应的限度，就会造成植被生态风险[⑤]，并从达茂旗水资源自身承载能力出发，提出了牧区用水适宜方案[⑥]。

三 畜牧业发展的研究

贾德彬和朝伦巴根采用多目标优化理论、多层次控制以及动态仿真模拟理论建立模型，在保证合理利用水资源、土地资源、草场资源前提下，提出达茂旗经济效益、社会效益、生态效益最佳的畜牧业发展战略[⑦]。吴建京等从草原与畜牧业发展关系出发，提出要增加建设人工或半人工草场，实施人工增雨作业来改善草原生态环境，同时，正确处理好草畜平衡关系来发展达茂旗畜牧业[⑧]。尚佩锋对达茂旗奶牛饲养进行了调研，发现奶牛饲养中存在饲养成本高、经营困难、饲养户收益低和还贷难问题，希

---

① 杨慧忠等：《达茂旗水草资源优化配置理论模型与优化配置方案》，《内蒙古科技与经济》2012年第11期。

② 廖梓龙等：《干旱牧区水环境质量评价》，《水文》2012年第6期。

③ 刘华琳等：《基于GIS的地下水及其环境问题分析》，《科技创新论坛》2013年第14期。

④ 刘华琳等：《干旱草原区达茂旗天然植被生态需水量研究》，《科技传播》2014年第22期。

⑤ 刘华琳等：《达茂旗草原植被生态与地下水覆盖量风险研究》，《水利科技与经济》2015年第4期。

⑥ 龙胤慧等：《基于水资源承载能力的达茂旗牧区用水方案优化》，《地理科学》2015年第2期。

⑦ 贾德彬、朝伦巴根：《达茂草原水土资源优化利用及发展牧业战略的研究》，《内蒙古农牧学院学报》1996年第3期。

⑧ 吴建京等：《对达茂旗草原建设与畜牧业生产发展的思考》，《内蒙古草业》1998年第4期。

望政府能采取有效措施，实现奶牛饲养的规模化和集约化发展[1]。吕文利等人深入达茂旗，就近年来禁牧政策、财政补贴以及畜牧业发展存在的问题进行了实地调研，并对畜牧业发展提出了一些具体对策[2]。王晓光等人认为促进达茂旗畜牧业发展，应实行适度、有弹性的草畜平衡制度，树立品牌意识，增加牧民补贴，加大牧民现代饲养技能的培训力度[3]。

四 社会变迁研究

游牧社会发展有着自己的特点，也存在相对稳定性，但变迁却是永恒的，特别是改革开放以后，其变迁速度异常惊人，同时也出现了许多问题。色音从中华民族凝聚力形成与发展的视角对近代蒙古社会变迁进行了考察，认为汉族农耕社会的影响是蒙古游牧社会变迁的重要原因，而游牧社会本身也不是绝对静止状态的社会体系，其内部也存在变迁的内在因素[4]。崔延虎经过长期对新疆北部草原地区牧民定居状况进行田野调查后认为，游牧民族定居必然要经历再社会化过程，定居过程实际上是一个深刻的社会、文化变迁的过程，包括观念、行为的改变和对新的环境认知和适应[5]。闫天灵从汉族移民与近代内蒙古社会变迁的内在联系出发，探讨汉族移民大量迁入和汉族移居区的形成，对蒙古游牧社会制度及整个内蒙古地区民族、经济、文化格局以及生态面貌所产生的极其深刻的影响[6]。乌日陶克套胡从经济研究视角，概述了蒙古族生存的自然环境与生产方式、游牧经济与土地的关系、农耕生产与游牧生产方式同异以及游牧经济的特征，阐述了不同历史时期游牧经济的主要矛盾、组织形式、蒙古族社会的土地关系、集权官僚制下蒙古族游牧经济变迁的原因以及过度开垦的后果[7]。王建革描述了近代内蒙古草原类型、人口、牲畜和放牧制度，论述了历史上游牧范围的变化。并运用1940年至1990年大量资料对内蒙古

---

[1] 尚佩锋：《达茂旗奶业发展中存在的问题及建议》，《内蒙古统计》2008年第4期。
[2] 吕文利等：《达尔罕茂名安联合旗生态畜牧业发展战略研究》，《黑龙江农业科学》2012年第11期。
[3] 王晓光等：《达茂旗生态畜牧业发展调研报告》，《实践》2013年第3期。
[4] 色音：《蒙古游牧社会的变迁》，内蒙古人民出版社1998年版。
[5] 崔延虎：《游牧民定居的再社会化问题》，《新疆师范大学学报》2002年第4期。
[6] 闫天灵：《汉族移民及近代内蒙古社会变迁研究》，民族出版社2004年版。
[7] 乌日陶克套胡：《蒙古族游牧经济及其变迁》，中央民族大学出版社2006年版。

中部和呼伦贝尔草原环境变迁和牲畜负载量进行研究，通过对半个世纪草原生态资料的对比发现内蒙古草原生态变化非常之大。由于过牧化和干旱化的发展，草原生产力大幅度下降，产量至少下降一半，大多数地区植被出现了结构性退化。同时，草原景观的变化是由于政府推广定居游牧，使内蒙古基层社会发生了极大改变，政权管理功能和草原利用方式也发生了重大改变，这些改变是由任意游牧、被动地适应草原生态，过渡到人为地改造草原。并提出这些改变如能遵循自然规律，草原景观就可以有序地恢复[1]。刘兴成从历史上河西走廊民族成分的演变和水土资源开发利用方式的变迁，来阐述对生态环境的影响，并对现行生态治理措施进行了反思[2]。萨其拉认为牧民衣、食、住、行四个方面发生变化，原因是社会文化的发展、牧区生产经营的变革以及民族文化的交流[3]。阿拉坦宝力格概述了内蒙古牧区在步入现代化进程中，政府采取了家畜品种改良、牧民定居、城市化、市场化等一系列强制措施，来改变牧民生存状况与生态环境。但由于受到草场植物群落、气候、水源等多种生态因子的限制，以及牧民传统生活方式、文化模式与思维结构的影响，牧民无法适应现代化生活环境，使游牧社会变迁处在传统与现代之间徘徊，这样的徘徊既消耗了大量社会文化资源，也消耗了大量自然生态资源[4]。白图雅和阿思根从近现代蒙古族衰落的主要原因、不同民族的思想观念、社会背景以及游牧文化与农耕文化存在异同性来揭示蒙古游牧社会变迁与当今蒙古族村落群形成的因果关系[5]。那木吉勒策林概述了阿拉善"敖特尔"、季节性游牧和通场移牧等传统游牧方式，并从畜牧业制度的变化来讲述草原生态的恶化和传统游牧方式的变迁[6]。马海寿和陈文祥通过历史上河西走廊四次农牧业转换过程，

---

[1] 王建革：《农牧生态与传统蒙古社会》，山东人民出版社2006年版。

[2] 刘兴成：《河西走廊地区民族变迁与生态演变》，硕士学位论文，陕西师范大学，2008年。

[3] 萨其拉：《克什克腾牧民物质生活变化研究》，硕士学位论文，内蒙古师范大学，2010年。

[4] 阿拉坦宝力格：《论徘徊在传统与现代之间的游牧》，《中央民族大学学报》2011年第6期。

[5] 白图雅、阿思根：《蒙古游牧社会变迁与蒙古族村落群成因关系追溯》，《内蒙古民族大学学报》2011年第1期。

[6] 那木吉勒策林：《阿拉善传统游牧的变迁及其生态影响》，《科技创新与经济结构调整》，内蒙古人民出版社2013年版。

说明该变迁过程对当地生态环境造了成严重破坏[①]。阿拉腾嘎日嘎以扎赉特旗为例，叙述了近代汉族农耕文化对努图克蒙古人游牧经济的冲击、努图克蒙古人"村落畜群"的形成，以及新中国成立后牧业所面临的新挑战[②]。阿尔达克通过对新疆布尔津县窝依莫克乡哈勒村的调查，讲述了一个游牧部落在向定居转型过程中所面临的社会整合、文化重构和政府公共服务等方面的问题，并对政府在游牧向定居转型过程中的推动作用和局限性进行了分析[③]。罗意从人类学研究角度，将游牧社会变迁划分为地方体系、民族国家进程以及世界体系三个重要影响阶段，认为应在民族国家与世界体系的场域中探讨和分析游牧社会的各种变化，这样有助于学者从多学科视角对变迁的情境、动力、因素、因素之间的互动等做出多层次的解释，并从现象性的描述转向理论性的探索，进而探讨游牧民适应变迁的策略，更好地把握当代中国游牧社会变迁的过程[④]。马伟华认为在城市化进程中随着民族社区结构的改变，少数民族传统生产方式以及民族文化传承场域也发生了改变，冲击了民族文化产生模式，民族文化传承机制发生断裂，生存载体逐渐脆弱，进而影响了民族文化的延续与发展。同时，使少数民族生存权益和文化权益受到了冲击[⑤]。

五 民族文化发展变迁研究

民族文化在传承过程中，变迁是一种永恒现象，没有变迁，民族文化就不可能发展。包玉山从追求文化生存与文化平等的角度，探讨农耕文化与游牧文化长期碰撞、角力的结果，并对其进行了深刻反思，认为两种文化在碰撞、角力中，农耕文化以制度化形式约束草原地区人们的行为，致使草原生态系统发生了破坏性后果，主张和提倡不同文化之间要相互尊

[①] 马海寿、陈文祥：《试论河西走廊农牧业转换的历史变迁》，《青海民族大学学报》2012年第1期。

[②] 阿拉腾嘎日嘎：《近现代内蒙古游牧变迁研究》，辽宁民族出版社2012年版。

[③] 阿尔达克：《从游牧到定居：一个游牧部落的变迁》，硕士学位论文，华中师范大学，2013年。

[④] 罗意：《"游牧—定居"连续统：一种游牧社会变迁的人类学研究范式》，《青海民族研究》2014年第1期。

[⑤] 马伟华：《冲击与整合：城市化进程中民族社会的变迁与发展》，《西南民族大学学报》2014年第6期。

重、相互肯定，才能促进不同文化间平等相处和游牧经济发展，才能保护草原生态环境①。

唐卫青从生态人类学和文化传播的视角分析了游牧文化变迁的原因，并以蒙古包为例讲述了游牧文化变迁是由环境改变或者说是与环境互动发展的结果，并认为这种变迁使传统游牧文化中许多优秀文化消亡，这对于多元化的社会具有不可估量的损失②。

哈斯塔娜从草原游牧文化内涵和特征出发，认为草原游牧文化在发展变迁中仍面临着诸多困境，我们应理性定位游牧文化形态的内涵特征及战略价值，以实现其顺利转型③。

阿拉腾以草原游牧文化和森林游猎文化为例，认为传统文化的传承，只有在特定条件下才能达成，即不同种文化要在一定程度上相互隔离，这种隔离一方面是在生态位上的隔离，另一方面则是在与超自然存在的互惠方式上的隔离，只有这样的隔离方式才能使因不同循环方式而产生相互之间差别的文化得以互动共生④。李志向将那达慕文化的产生、发展、变迁与生存战争、民族信仰机制和仪式象征紧密联系起来，探讨那达慕文化由军事性质向现代娱乐竞技主题的转变历程，并认为那达慕文化变迁的动因源于社会环境的改变⑤。高美琼和李洋认为，蒙古族群体社会性格的形成与蒙古族传统游牧体育项目有着密切关系，在现代文化变迁中，蒙古族群体社会性格决定它在社会变迁中有着高度的适应性⑥。

六 牧民生产生活方式的变迁研究

关于牧民生产生活方式的变迁研究，学者大多是以实地调查与历史文献结合方式来展开的。肖生春等人通过研究额济纳地区人地关系演进和农

---

① 包玉山：《游牧文化与农耕文化：碰撞·结果·反思》，《社会科学战线》2007年第4期。
② 唐卫青：《蒙古族起源、发展及其游牧文化的变迁研究》，《赤峰学院学报》2009年第9期。
③ 哈斯塔娜：《草原游牧文化面临的困境》，《内蒙古师范大学学报》2011年第4期。
④ 阿拉腾：《草原游牧民与森林游猎民的超自然循环》，《满语研究》2011年第2期。
⑤ 李志向：《游牧民族体育文化的变迁、信仰机制与仪式象征》，《体育与科学》2013年第5期。
⑥ 高美琼、李洋：《文化变迁与蒙古族游牧体育社会性格的生成》，《赤峰学院学报》2013年第4期。

牧业变迁，提出在充分认识自然规律的基础上，加强绿洲的综合研究和综合治理，走生态复合系统持续发展之路，缓解人地矛盾，最终达到人地协调发展[1]。李娜则通过对新中国成立以前锡林郭勒盟游牧畜牧业发展状况和特点的回顾、分析，提出应辩证看待游牧生产方式，保留其合理内核，为现代畜牧业发展和草地资源保护利用提供有利的借鉴[2]。阿丽玛通过对贡格尔嘎查的调查，讲述了牧民在现代畜牧业经营的社会、经济环境变化和自然环境恶化的情况下，生态环境观念与畜牧业经营方式的变化以及旅游业的发展[3]。晓艳则通过对东乌珠穆沁旗呼格吉勒图嘎查的调查，研究游牧民族传统文化赖以形成的基础、生态环境变化、人口迁移、与其他民族接触、政治制度的改变等，探讨改革开放以来牧民经济生活的现状、存在问题、影响因素，并对新时期牧业生产方式走向以及如何提高牧民收入和生活水平等问题进行了研究[4]。苏雅拉其其格通过对阿拉善左旗沙日霍德嘎查牧民生产方式变迁的调查，提出了保护草原生态环境的具体措施[5]。那木吉勒策林等人通过对阿拉善的调查，认为传统游牧生产方式适用草原生产力的时空变异性，并使不同类型的草场得以休养生息；而变迁后的生产方式使草场失去了休养生息的空间，导致地下水位的下降、水资源的枯竭及草场的退化[6]。范晶晶则提出在工业化进程中，应确立以少数民族文化权利保护为核心的政策体系，以促进生活方式的改变[7]。

七 政策制度变迁研究

从古至今，草原产权制度一直处于不断变迁过程中，不同历史时期，草原产权制度各有其自身特点。草原产权制度是牧业发展的关键，也是牧区经济体制的重大问题，它与草场利用、放牧方式和牧民经济收益息息相

---

[1] 肖生春、肖洪浪：《额济纳地区历史时期的农牧业变迁与人地关系演进》，《中国沙漠》2004年第4期。

[2] 李娜：《游牧生产方式与草畜利用关系初探》，《西北农林科技大学学报》2009年第2期。

[3] 阿丽玛：《从传统牧业生产生活到商品化变迁》，硕士学位论文，内蒙古师范大学，2009年。

[4] 晓艳：《现代化进程中牧民经济生活》，硕士学位论文，内蒙古师范大学，2010年。

[5] 苏雅拉其其格：《关于牧民生产方式变化的探析》，硕士学位论文，内蒙古大学，2010年。

[6] 那木吉勒策林等：《阿拉善传统游牧的变迁及其生态影响》，《科技创新与经济结构调整》2012年9月。

[7] 范晶晶：《工业化进程中生活方式的变迁》，《内蒙古社会科学》2013年第4期。

关，关系到牧民生存和畜牧业的发展。有效的草原产权制度可以促进畜牧业可持续发展，反之，就会成为畜牧业发展的障碍。

（一）完善政策制度

敖仁其认为草原产权内在制度的核心价值就是人与自然的和谐共处；当代草原所有权和使用权制度的不完善，是导致草牧场使用过度及草原沙化、退化的重要原因之一。而草原产权内在制度演化过程表现为创新和变异、接受或抵制。因此，当代草原产权制度体系建设，应充分启动民主与法律程序，兼顾各方面利益，才能最大限度地降低制度变迁中的成本与风险[1]。包玉山认为公共产权制度并不是草场过度利用的唯一原因，产权制度和法律制度设计上的缺陷以及没有健全的监管机制，导致草原严重退化、沙化[2]。王宝山等认为当前我国草畜双承包政策体制失配，奖惩机制不完善，牧民的生态平衡意识淡薄造成草原大面积退化[3]。盖志毅则认为知识问题造成政府在畜牧业制度安排和政策调整上总是用农村、农业取代牧区、牧业，而且缺少民众的参与，因而造成草原产权制度缺位和草牧场承包到户制度的缺陷，这是导致"公共地悲剧"现象的直接原因[4]。李毓堂则认为当前草原政策不能落实的原因是草地管理机构薄弱、机制失策以及畜牧业政策的不稳定[5]。吉克跃林等认为应将牧区发展上升为国家发展战略，建立现代草原产权体系，完善相关法律，制定牧区发展援助政策体系，以加大对牧区发展的援助[6]。伊丽娜认为草场承包到户引发草场纠纷和争夺，导致人际关系破坏，这是直接或间接导致草场严重退化或草场闲

---

[1] 敖仁其：《草原产权制度变迁与创新》，《内蒙古社会科学》2003年第4期。

[2] 包玉山：《内蒙古草原退化沙化的制度原因及对策建议》，《内蒙古师范大学学报》2003年第3期。

[3] 王宝山、简成功、简成贵：《由政策制度失配造成草原大面积退化的回顾与反思》，《草原与草坪》2006年第4期。

[4] 李英、盖志毅：《产权制度视域下的生态环境保护》，《内蒙古财经学院学报》2006年第4期；盖志毅：《知识问题与保护草原生态环境决策的制定》，《北京林业大学学报》2007年第3期；《改革开放30年内蒙古牧区政策变迁研究》，《内蒙古师范大学学报》2008年第5期；《新牧区建设与牧区政策调整》，辽宁民族出版社2011年版。

[5] 李毓堂：《中国草原政策的变迁》，《内蒙古草业》2008年第6期。

[6] 吉克跃林、郑长德：《支持中国牧区加快发展的政策研究》，《民族学刊》2013年第1期。

置发生"公地悲剧"和"反公地悲剧"的原因[①]。

(二) 创新政策制度

额尔敦扎布认为低效率的制度安排是草原荒漠化的关键因素，为遏制草原荒漠化必须进行产权制度、土地使用制度、生态补偿制度以及激励机制方面的创新[②]。张建珏指出草场制度变迁的路径应从草原畜牧业发展特征出发，来探讨草场正式和非正式的制度创新[③]。布和朝鲁也认为草原生态持续退化是多方面因素综合作用的结果，但低效率的制度安排是其关键因素，遏制草原生态退化，保护草原生态环境，应推进制度创新，这是治本之策，只有制度创新才能达到纲举目张的效果[④]。袁文英等概述了我国草场使用和草场产权制度经历的五个历史变迁阶段，并指出目前草场制度存在所有权的法律主体模糊、草场承包的不彻底、草场制度供给不足等问题，这些问题需要草场产权制度的进一步改革与完善才能得以解决[⑤]。

(三) 传统与现代政策制度的博弈

陈洁等则认为传统粗放的草原畜牧业生产经营方式，忽略了经济、社会、生态共同发展和相互协调，对草原"取"多于"予"，所以难以为继[⑥]。刘俊浩等认为传统的畜牧业生产方式是导致草场退化的直接原因，其根源在于草地产权的"公共性"[⑦]。范远江则认为分散自主经营的制度模式虽有其局限性，但它极大地推动了牧业生产的恢复性发展[⑧]。李文军认为草场承包到户，导致草场破碎化，牧户之间变得相互独立，抵御风险能力降低，草原载畜量下降，获益能力也因此下降。表面上牧民虽然获得了权利，但其获益能力却被严重削弱。为改变这一状况，政府应遵循当地

[①] 伊丽娜:《草原产权制度与"公地悲剧"、"反公地悲剧"》，硕士学位论文，中央民族大学，2013年。

[②] 额尔敦扎布:《草原荒漠化的制度经济学思考》，《内蒙古大学学报》2002年第5期。

[③] 张建珏:《"双权一制"对草场可持续利用的影响研究》，《新西部》2009年第4期。

[④] 布和朝鲁:《制度经济学视域下的草原生态退化原因分析》，《求实学刊》2012年第6期。

[⑤] 袁文英、马兴文:《草场使用及草场产权制度的历史变迁研究》，《生产力研究》2013年第11期。

[⑥] 陈洁、方炎:《论从传统草原畜牧业到现代畜牧业的转变》，《中国软科学》2003年第6期。

[⑦] 刘俊浩、王志君:《草地产权、生产方式与资源保护》，《农村经济》2005年第8期。

[⑧] 范远江:《西藏草场产权制度变迁研究》，四川人民出版社2009年版。

自然条件，吸纳传统中的智慧，采取灵活多样的产权制度组合①。杨光梅认为草畜平衡政策要以压缩牧民数量为核心，积极引导过剩牧民进行产业转移，鼓励牧民进行联合经营，提高生产效率，同时要建立生态补偿基金，为生态恢复和保护提供长效资金保障②。王晓毅认为当今不适当的草原产权制度变迁，不仅加剧了气候变化的危害，而且使牧民生计陷入不可持续的境地③。宫刚认为草原产权制度设置不合理导致草原长期投资减少，草原产权明晰而导致资源耗竭④。而范如和茶娜则从内蒙古草原产权制度的演变、移民政策和现行的产权制度对草原牧区的影响，来探讨草原产权制度和移民政策与草原的可持续发展之间具有密不可分的关系⑤。周立等认为应在资源属性和不可分性的基本判定基础上，讨论以家庭为基础的明晰产权制度在牧区的适用性。在认识牧区"共有资源""公益性"和"公用性"特征的基础上，寻求一种"私地共管"的"合作共管"机制，通过"赋权""赋能"等市场重新嵌入社会和自然的努力，促进牧区的再组织化；采纳"多中心、自主治理"的制度安排，或许会成为缓解"三牧"问题的有效途径⑥。

（四）不同学科对政策制度的研究

除上述从研究之外，还有从不同学科视角牧区政策制度进行研究的。如：刘青从法学视角系统阐述了我国的草原权属体系，并对草原权属体系进行了分析，指出我国草原权属体系所特有的特性及存在的问题⑦。张东杰和都耀庭从自然科学的视角，通过实地的观测和试验研究，对禁牧封育的高寒草甸和高寒沼泽化草甸退化草地改良作用进行了分析，认为禁牧封育政策实施是有效的⑧。张倩从牧民抵抗自然灾害能力视角来研究牧民

---

① 李文军：《解读草原困境：对于干旱半干旱草原利用和管理若干问题的认识》，经济科学出版社2009年版；《牧区需要灵活多样的产权制度安排》，《中国民族报》2011年3月25日。
② 杨光梅：《草原牧区可持续发展的生态经济路径》，《中国人口·资源与环境》2011年第2期。
③ 王晓毅：《制度变迁背景下的草原干旱》，《中国农业大学学报》2013年第1期。
④ 宫刚：《草原退化的制度经济学研究》，博士学位论文，内蒙古大学，2014年。
⑤ 范如、茶娜：《草原产权和移民政策对内蒙古牧区的影响》，《内蒙古农业科技》2011年第3期。
⑥ 周立、董小瑜：《"三牧"问题的制度逻辑》，《中国农业大学学报》2013年第2期。
⑦ 刘青：《草原权属制度研究》，《法商论丛》2007年第1期。
⑧ 张东杰、都耀庭：《禁牧封育对退化草地的改良效果》，《草业与草坪》2006年第4期。

社会变迁，指出政府畜牧业决策上的失误，导致牧民应对气候变化能力减弱，脆弱性增加[①]。袁文英等从历史角度研究草场产权制度的变迁，认为当前草场产权制度上存在不足，希望我国能尽快进行草场产权制度改革使之完善，从根本上解决牧区的生态保护与经济发展之间的矛盾[②]。陈海燕用计量统计学方法对中国畜牧业支持政策进行了研究，认为中国政策对不同畜产品支持有较大差异，而且没有完善的法律保障。近年来，对牧民的相关补助、补贴和奖励的比例逐渐增加，但总体支持力度还比较低，特别是畜牧良种补贴政策数量太少，个别畜种补贴水平较低[③]。

[①] 张倩：《牧民应对气候变化的社会脆弱性》，《社会学研究》2011年第6期。

[②] 袁文英、马兴文：《草场使用及草场产权制度的历史变迁研究》，《生产力研究》2013年第11期。

[③] 陈海燕：《中国畜牧业政策支持水平研究》，博士学位论文，中国农业大学，2014年。

第二章 达茂旗草原畜牧业变迁

第一节 草原畜牧业变迁的概念界定

一 草原畜牧业变迁

草原畜牧业渊源于传统的游牧经济。游牧经济是游牧先民适应蒙古高原的特定自然环境及条件，以"逐水草而牧"的游牧生产方式，饲养和管理着草原"五畜"——牛、马、驼、山羊、绵羊，获取经济利益，保障和延续先民生存状态的一种独具特色的经济形态，是畜牧业经济形态之一。对此，那·额尔敦朝格图在《蒙古游牧经济的生物技术、生态、经济基础及发展对策》一书（1996年）中提出了蒙古族典型游牧经济的三维封闭体系说，具体构成包括：

1. 三个基本要素：草原生态、家畜、牧民；
2. 放牧技术体系：包括牲畜的繁殖、放牧技术、利用畜产品技术和驯服与骑乘家畜技术；
3. 家庭（户、艾里）、浩特艾里体系：游牧经济的真正生产活动运行和完成的独特经济单位。

那·额尔敦朝格图系统地阐述了游牧经济的结构、基本要素、性质、特点，认为组成游牧经济结构的基本要素——草原生态、家畜、牧民，三者互相依存、互相制约，形成一个相对封闭的有机系统[①]。游牧民族在历史长河中的游牧生产实践中不断掌握了人与草原、人与畜群、草原与畜群

---

① 敖仁其、额尔敦乌日图等：《牧区制度与政策研究》，内蒙古教育出版社2009年版，第11页。

的互动规律，从而形成了独有的畜牧业经济内在制度体系。

随着时间的推移，传统游牧经济形态发生了深刻的变革，同时游牧经济制度也在内在制度与外在制度的相互交织中发生着复杂而现实的一系列制度变迁。今天的草原畜牧业，就是几千年的传统游牧经济逐步演化和完善的过程。然而由于自然环境、社会经济制度及市场经济的发展，草原畜牧业不再拥有传统游牧经济之游动、轮牧、五畜平衡等特征，而走向定居放牧，甚至定居定牧、追求数量、追逐经济效益、非生态性的畜牧业经济形态。

二 达茂旗草原畜牧业变迁的概念界定

达茂旗是内蒙古自治区现有33个牧业旗之一，也是包头市辖唯一的牧业旗。达茂旗的草原畜牧业经济正在经历着由传统畜牧业经济向现代畜牧业经济的深刻历史变迁。

新中国成立以来，随着我国社会制度、经济制度的变革与发展及相关方针政策的变迁，达茂旗草原畜牧业在生产经营、组织管理等方面发生了一系列的甚至是颠覆性的变化。而我们关于达茂旗草原畜牧业变迁的讨论仅限于草原畜牧业发展之基础，即草原产权制度的变迁和草原畜牧业生产经营方式的变迁（从放牧方式和组织管理模式两个维度）两个侧重点，并对发生变化的影响因素和变迁对游牧文化的影响等进行剖析，试图勾勒出达茂旗草原畜牧业变迁的轮廓。

第二节 草原产权制度变迁

依据制度经济学的理论定义，所谓产权是人与人之间围绕财产而建立的经济权利关系，可归纳为归属权（所有权）、占有权、支配权和使用权等[1]。就牧区畜牧业经济而言，"其产权结构的物质对象，包括草原和家畜，其中草原资源在产权结构中更具基础性地位。草原产权制度是人们对草原资源的占有、使用、继承、管理、交易等诸方面的一套规则。传统草

---

[1] 黄少安：《制度经济学》，高等教育出版社2008年版，第14页。

原产权制度，既是一个经济学范畴，也是一个历史学范畴[1]"。

从历史角度考察，随着国家和内蒙古地区社会政治制度的历史变革，内蒙古草原牧区制度演化与制度变迁，必然带来草原畜牧业经济制度的变迁，尤其是草原所有权制度形态的变迁、产权结构和产权安排的变迁，并且经历了复杂而曲折多变的变迁过程，在各个历史阶段表现为不同的形态特征。作为内蒙古地区草原畜牧业经济基本形态一个典型的地域性组成部分，达茂旗牧区经济制度变迁自然适应并体现了这种总体发展趋势及其宏观历史进程。

一 传统草原产权制度变迁的概述

从社会历史变迁角度考察，内蒙古地区传统游牧社会变迁是一个漫长的历史过程，在这个过程中的关键环节是土地所有制的变迁，即草原、草场的所有权以及占有权和使用权的关系变迁。对此，乌日陶克套胡在《蒙古族游牧经济及其变迁》一书中概括、勾勒出传统草原游牧经济历史变迁的基本线索，认为广大内蒙古地区游牧经济变迁，由古代"封建领主"拥有（占有）草原所有权的早期制度形态，转变为清朝政府通过推行"盟旗制度"，进入由"集权官僚阶层"（王公、贵族）占有和控制草原占有权的"集权官僚制"时期的经济制度变迁。

这一阶段，不仅废除了原有的封建领主制，同时也"全面接受了农耕社会的政治、经济、文化，蒙古族经济从以往以牧为主逐渐演变为牧业、半农半牧、农业经济多重经济形态共存的状态，其主要生产资料土地（草原、草场）归国家（王朝）所有，国家以均配土田的方式将一部分土地分给原来的部落领主占有，又以赐田、禄田、勋田等方式将一部分土地分给官吏占有，形成了国家拥有土地所有权，官僚牧主、地主拥有对土地（草原、草场）的占有权，以及无地佃农和牧民从地主或牧主手里租土地使用权的三层权力关系。这也是基本的经济关系"。

此外，清朝政府还为了有力地统治和控制内蒙古地区，利用黄教（喇嘛教）大力推广佛教，大建喇嘛教寺院，赋予黄教高层僧侣以较高的政治

---

[1] 敖仁其、额尔敦乌日图等：《牧区制度与政策研究》，内蒙古教育出版社2009年版，第53页。

经济地位和特殊的经济政策，从而使较大寺院都拥有自己的大量土地（草场）、畜群和牧户，并允许征收税课，从而使其逐渐变为牧主阶级，成为"集权官僚制"下土地和草场所有者的组成部分[①]。

乌日陶克套胡还进一步分析"集权官僚制"时期蒙古游牧经济变迁，指出清代中后期内蒙古地区的开垦过程及农业经济的大面积渗透"对蒙古社会的变迁和演化产生了前所未有的影响"。他概括介绍了清代对蒙古开垦所采取的政策变动及其对蒙古族游牧经济的影响。清朝政府自康熙年间始鼓励蒙古人"自垦种地"到雍正年间允许"借地养民"；再从19世纪末采取"禁而不包""蒙地招垦"政策，到20世纪初推行"移民实边"政策，内蒙古地区的开垦过程逐渐扩大和加剧，农业经济不断壮大，从而蒙古经济从单一游牧经济逐渐过渡为牧业经济、半农半牧经济、农业经济并存的格局。这种经济形态与经济格局的演变自然促成经济制度的变迁，也最终形成了清代内蒙古地区土地所有制的基本形式[②]。

蒙古社会的集权官僚阶段，一直延续到清代之后的北洋政府和民国政府时期。这个时期也继承了清末在内蒙古地区的开垦政策，先后制定了许多在蒙地放垦政策法令，并进一步强化垦务机构，变本加厉地开展更大规模的放垦滥开蒙地土地活动，进行疯狂的经济掠夺，"垦地日旷，牧场益狭，蒙官权力渐失，蒙民之生机日蹙"。由于北洋政府和民国政府在内蒙古地区改省设县，制定各种强制性法令，大量移民开垦，蒙古社会的经济关系及土地所有权关系进一步复杂化，原有的经济关系演变为蒙古王公贵族、台吉、蒙汉官吏、地主、地东、揽头以及蒙汉牧民、农民等的错综复杂的经济关系。这就是自清代以来，内蒙古地区游牧经济变迁及近代转型过程的基本历史概况[③]。

---

① 乌日陶克套胡：《蒙古族游牧经济及其变迁》，中央民族大学出版社2006年版，第142—198页。

② 乌日陶克套胡：《蒙古族游牧经济及其变迁》，中央民族大学出版社2006年版，第142—198页。

③ 乌日陶克套胡：《蒙古族游牧经济及其变迁》，中央民族大学出版社2006年版，第142—198页。

二 新中国成立前达茂旗草原所有制变迁概况

达茂旗最早建置于清朝顺治年间。顺治七年（1650年），元太祖成吉思汗第哈布图哈萨尔后裔茂明安一部西迁，清廷赐牧于艾不盖河源为茂明安札萨克旗。又顺治十年（1653年），元太祖十六世孙格列森札扎赉尔珲台吉后裔本塔尔率千余户归清朝，清廷诏封其为札萨克和硕达尔罕亲王，并赐牧于塔尔浑河及艾不盖河流域，为喀尔喀右翼前旗，后改称达尔罕贝勒旗。民国时期，延用旧制。民国三年（1914年）茂明安旗、达尔罕贝勒旗隶属绥远省乌兰察布盟管辖。达、茂二旗，早期建置属清朝"盟旗制"的组成部分，其社会制度自清朝末至民国时期均与集权官僚制具有共性特点。因此，其经济结构逐渐演变为以畜牧业为主、半牧半农共存的经济形态。就其土地（草原、草场）的所有制形式而言，与上述集权官僚制下的经济制度形态及变迁过程基本趋同。主要表现为：

1. 达、茂二旗旗王——札萨克及其他领主，受清朝封赐，对全旗境内草原、草场和牧民，世世代代掌握着最高占有权和支配权。他们为了控制的便利，把草原牧场分为若干部分，赐给旗王下的贵族（牧主）管辖。普通牧民没有牧场拥有权，并与旗札萨克及其贵族存在人身依附关系，称作"阿勒巴图"和"哈里亚图"。他们通过向以札萨克为首的贵族（牧主、那颜）承担纳赋税、服劳役等义务，分得有限牧场的使用权。

2. 随着清朝在内蒙古地区推广黄教（喇嘛教），达茂旗内佛教兴起。康熙四十四年至四十七年间（1705—1708年）修建巴图哈拉嘎庙（俗称"贝勒庙"），赐名"广福寺"；清乾隆三十四年（1769年）修建度力图如庙，赐名"普会寺"。至清道光三十年（1850年）"贝勒庙"佛教兴盛，五座殿宇雄伟壮观，有喇嘛1500人，仅此一座寺庙就占达尔罕贝勒旗总人口的30%左右[1]。

随着喇嘛教在达茂地区的普及，全旗境内形成了寺庙上层阶级，如格根（活佛）、锡热喇嘛、大喇嘛等。他们不仅掌握着寺庙的行政权力，同时也掌握着寺庙的经济大权。据史料记载，在清代达茂旗境内先后建有十多座大小寺庙。对这些寺庙，由旗王府（札萨克）赐予面积不等的牧场，

---

[1] 《达尔罕茂明安联合旗志》编纂委员会：《达尔罕茂明安联合旗志》，内蒙古人民出版社1994年版，第743页。

王府（札萨克）共占约全旗草原牧场（草场）的21%，大片草原牧场被寺庙高层僧侣所有，同时还掌握着由旗札萨克赐给寺庙的"哈里亚图"，多达数十户，通过授予放寺院畜群"苏鲁克"为其纳赋税。寺院还通过各种宗教活动来征收大量的财富。这样大片土地（草场）、大量的社会财富集中在寺院高层僧侣手中。

3.随着清末民初在达茂旗陆续放垦，大片草场变成耕地，而且随着清廷及民国政府增厅设县，开垦地域内的大片草场所有权转移，归属所设厅局级县府或被境内新形成的地主阶层所有。例如，清光绪二十九年（1903年），划原达尔罕贝勒旗部分垦地而设武川厅；民国八年（1919年）又划原茂明安旗所属部分牧地设固阳县，因而达茂旗大面积草原被瓜分，成为土地所有权（或所有制）变迁中的一种突出现象。通过以上三个方面，我们大致可以勾勒出新中国成立前达茂旗境内草原土地（草场）所有制变迁的历史概况。

三 自治区成立以来达茂旗牧区草原所有制变迁情况

自1947年5月内蒙古自治区成立以来，内蒙古牧区草原所有制大致经历了三次改革和调整过程。作为牧业旗达茂旗草原所有权，甚至使用权安排与全区制度安排一致。

（一）民族公有制

内蒙古于1947年获得解放，建立了自治政权。1947年4月27日颁布的《内蒙古自治政府施政纲领》第十条规定，"保护蒙古民族土地总有权之完整。保护牧场，保护自治区域内其他民族之土地现有权利"。1947年9月13日《中国土地法大纲》公布后，确定在内蒙古农业区彻底消灭封建剥削、平分土地的方针。而1948年颁布的《内蒙古土地制度改革法》规定，内蒙古境内一切土地为蒙古民族所公有；废除内蒙古封建性及半封建性的土地制度；废除一切旧王公贵族、地主、喇嘛寺院等占有的土地所有权，以及土地改革以前学校、军队、机关及团体的土地所有权。同时，《内蒙古土地制度改革法》进一步明确，内蒙古农业区内实行耕者有其田（凡分得土地即归个人所有，并承认其自由经营与特定条件下出租的权利，但仍保留蒙古民族的土地公有权[①]），畜牧业区内实行放牧自由，按照盟旗行政区域的划分，在该区域内的草原、牧场上一切牧人均有放牧自由。而1947年12月东北局省委书记联席会议对《中国土地法大纲》作出解释：蒙古族境内之土地，在蒙古族边缘地区及蒙汉杂居区完全适应《中国土地法大纲》。于是，内蒙古牧区草牧场在民族公有制度基础上废除了封建特权，实行放牧自由、调剂牧场、保护牧场的政策，并在生产领域采取了"不分不斗不划阶级""牧主牧民两利"政策，鼓励牧民间互助合作。

"自由放牧"是当时内蒙古自治区在牧区实行的基本制度，大体上包括两个内容，即一是废除王公贵族、封建主对牧场的割据霸占，承认内蒙古境内牧场为内蒙古民族所公有，按照盟、旗行政区划，该区内草原牧场一切牧人放牧自由；废除奴隶制度，一切奴隶宣告解放，享有完全平等的公民权利，使他们有人身的自由和劳动自由；二是当前畜牧业经济因其分散性与落后性，必须有领导地、逐步地总结群众固有的经验，改进牧区放牧方法，才能提高生产，改善人民生活。但鉴于牧区长期残酷的封建统治所形成的强迫命令盛行的实际情况，必须根据各地不同的生产条件、民族特点与群众觉悟水平，以典型示范，按照群众自愿的原则来推行，使群众有按照自己的意愿来选择放牧方式（不论分群、合群、轮牧、专放、游牧、定居）的自由[②]。同时，制定保护牧场、禁止开荒的政策，划定农牧边界，划定牧场。当然，当时有些地区和牧民因曲解自由放牧政策，出现了乱放乱牧、争夺牧场、开垦草原等现象，但都得到了及时的纠正和查处。可见，自由放牧既不是无领导的放任自流，也不是强制性的放牧政策，而是对当时草牧场制度的高度概括，即所有制上草牧场归内蒙古民族所公有；使用制度上牧民可按照盟、旗为界限，放牧自由；生产制度上牧民可自由选择放牧方式；组织领导上可通过经验总结，逐步改进牧区放牧方式。正是这一基本制度对新中国成立初期废除封建特权、解放封建制度所束缚的牧业生产力、恢复和发展畜牧业生产起到了积极作用，也为牧区及畜牧业其他政策的制定和实施奠定了基础。

---

① 内蒙古党委政策研究室等：《内蒙古畜牧业文献资料选编》第二卷（上册）内蒙古党委印刷厂印刷，1987年版，第15页。

② 内蒙古自治区政协文史资料委员会：《"三不两利"与"稳宽长"文献与史料》，内蒙古政协文史书店发行2005年版，第359页。

到了社会主义改造时期,大部分时间仍沿用民族公有制。我国社会主义改造始于1953年,决定要在一个相当长的时期内,逐步实现国家的社会主义工业化,并逐步实现国家对农业、对手工业和对资本主义工商业的社会主义改造。考虑到民族地区和牧区的特殊性,"在蒙绥牧区不仅要有步骤地、有计划地进行国家总路线和总任务的宣传教育,而且对畜牧业经济也是要稳妥地实行社会主义改造","在步骤与方法上更要迂回曲折,时间上更要准备长一些"[1]。所以,内蒙古牧区社会主义改造中基本延续了草牧场民族公有制度,由草牧场"自由放牧"的使用制度逐渐过渡到"定居游牧"的划区轮牧制度,而在畜牧业生产经营机制上逐步跟随全国互助合作运动,遵循牧区五项方针、十一项政策和六项措施,对牧区畜牧业经济实行社会主义改造,将"在一个相当长的时间内,把个体的、游牧的、落后的、小生产的畜牧业经济,发展改造成为合作化的、现代化的、社会主义的畜牧业"[2]。因此,从社会主义改造时期(1953—1958年),牧区制度变迁更多集中在畜牧业经营体制和生产方式的改变上,并非是草牧场所有制度和使用制度的直接改革。

从草牧场"自由放牧"到"定居游牧"的划区轮牧是一个渐进变化过程,同时也是牧区畜牧业从个体经济转变为集体所有制(互助合作)经济的过程。1953年1月1日,乌兰夫在《内蒙古日报》发表《内蒙古自治区恢复发展畜牧业的成就及经验》一文,提到要"提倡定居游牧,达到人畜两旺",认为定牧和游牧各有好处,各有缺点,定牧对于人旺这一点来说是有好处的,但对牲畜发展与繁殖极为不利,因此应当取长补短,提倡定居游牧。显然,提倡定居游牧的初衷是为发展牧区人口、改善牧民生活,当然也会产生其他的积极作用。"由于已定居,家庭的保暖设备等自然会比较好些,老弱病人及孩子也不再跟着牲畜的游牧游动了","可以在定居的地方提倡打井种菜,建设较讲究的住宅,进行文化教育,同时还可以把组织牧民游牧与组织牧民互助合作统一起来"。

而随着牧区互助合作的推进,定居游牧与互助合作相结合,逐步实现

---

[1] 内蒙古党委政策研究室等:《内蒙古畜牧业文献资料选编》第二卷(上册),内蒙古党委印刷厂印刷,1987年版,第111页。

[2] 内蒙古党委政策研究室等:《内蒙古畜牧业文献资料选编》第二卷(上册),内蒙古党委印刷厂印刷,1987年版,第112页。

牧区全面定居，并固定草牧场范围，进行划区轮牧。1953年12月内蒙古牧区把互助合作道路确定为从牧区个体牧业经济过渡到社会主义的主要道路，提出应进一步发展牧区的互助合作与定居游牧，在有条件的地方提倡与实行定居游牧，并以此作为牧区工作的重点[①]。在此期间，内蒙古牧区互助合作组织从临时互助组发展到常年互助组，再到初级牧业生产合作社，而"定居游牧"政策也随之进行调整。1956年，"随着畜牧业合作社的发展，定居工作的推行，已经比过去有更多的有利条件，同时按照全面规划的方针，定居游牧政策也应该对不同地区提出不同要求。一般来说，在游牧区应该逐步做到定居移场放牧，在牧场狭窄地区应该做到定居划片轮牧"[②]，并指出当实现合作化时，定居游牧的大部分转为定居。为实现这一目标，内蒙古牧区规定在条件许可的地方，把固定牧场、打草场划给一个或几个合作社，成为其移场放牧的牧场。特别是1957年出台的《内蒙古牧业生产合作社示范章程（草案）》明确规定，"在最短的时间内，在牧场规划未定前，凡是可以游牧的地区，就实行定居放牧，牧场规划已定后，则实行有计划的定居移场放牧；定居定牧的地区就实行划区轮牧"[③]。

1957年年末，内蒙古牧区参加互助合作的牧户总数达到69543户，占总户数的84.6%，其中牧业合作社632个，入社牧户20877户，互助组3111个，入组牧户48666户[④]。在此基础上，为在第二个五年计划期间实现牧业的合作化，内蒙古牧区提出要逐步把牧场的使用权以国营牧场、合作社、合营牧场为单位固定下来。从此，草牧场的使用权逐渐被分离出来，固定给了国营牧场、合作社、合营牧场，并责令有关单位划定牧场以后，必须严守农牧地界，保护牧场，不准破坏，并进行适当的建设。因此，从某种意义上讲，划定给合作社使用的草牧场，与其他生产资料同样

---

① 内蒙古党委政策研究室等：《内蒙古畜牧业文献资料选编》第二卷（上册），内蒙古党委印刷厂印刷，1987年版，第141页。

② 内蒙古党委政策研究室等：《内蒙古畜牧业文献资料选编》第二卷（上册），内蒙古党委印刷厂印刷，1987年版，第209页。

③ 内蒙古党委政策研究室等：《内蒙古畜牧业文献资料选编》第二卷（上册），内蒙古党委印刷厂印刷，1987年版，第318页。

④ 内蒙古党委政策研究室等：《内蒙古畜牧业文献资料选编》第二卷（上册），内蒙古党委印刷厂印刷，1987年版，第350页。

有合作社集体所有制成分。

此后牧区合作化步伐不断加快,到1958年7月,内蒙古牧区牧业合作社数量猛增至2292个,参加牧业合作社和牧业生产互助组的牧户共计81511户,牧业互助合作程度达到了96.29%。此外,有458户牧主参加了公私合营牧场、482户牧主参加了合作社[1],牧区基本结束了畜牧业社会主义改造进程。于是,自治区要求必须加快牧区牧民定居游牧工作,应当在一二年内争取实现定居,定居以后即应固定牧场范围,进行划区轮牧,有计划地进行各项建设。

在此期间,达茂旗认真贯彻"大力恢复,停止下降,争取增殖,积极发展畜牧业生产"的方针,在牧区实行"不分不斗不划阶级""牧工牧主两利""轻税""扶助贫苦牧民生产"等政策。1952年自治区贯彻了"互助合作"政策,发展了互助合作组、合作社,开始修棚搭圈、打井打草,改善饲养条件。到1957年6月末,全旗大小牲畜达555243头(只),比1949年6月末增加359815头(只)[2]。

(二) 全民所有制

在人民公社时期,牧区草牧场所有制度逐步从民族公有制转变为全民所有制,即国有制,而其使用权依然固定给国营牧场、企事业单位和人民公社的生产队。生产队作为组织生产和生活的基本单位获得了草牧场的使用权。1958年8月13日《人民日报》发表的报道披露了毛泽东同志1958年8月9日在山东农村所讲的"还是人民公社好,它的好处是可以把工、农、商、学、兵合在一起,便于领导"。之后,中共中央决定在广大农村普遍建立人民公社。同年8—9月内蒙古党委召开一系列专门会议,研究部署积极有序地领导全区人民公社化的问题[3]。到1959年12月底,牧区基本上实现了人民公社化[4]。这期间以及之后的相当长的时间内内蒙古牧区

---

[1] 达林太、郑易生:《牧区与市场——牧民经济学》,社会科学文献出版社2010年版,第55页。

[2] 《达尔罕茂明安联合旗志》编纂委员会:《达尔罕茂明安联合旗志》,内蒙古人民出版社1994年版,第185页。

[3] 达林太、郑易生:《牧区与市场——牧民经济学》,社会科学文献出版社2010年版,第63页。

[4] 内蒙古党委政策研究室等:《内蒙古畜牧业文献资料选编》第二卷(上册),内蒙古党委印刷厂印刷,1987年版,第454页。

受"大跃进""文化大革命"的影响,在"以粮为纲""牧民不吃亏心粮"等极"左"口号下,大面积草原被开垦,为日后草原退化埋下了隐患。

如前文所述,社会主义改造时期牧区实行定居,要求游牧区应该配合社会主义的改造逐步定居下来。而到了合作化、公社化时期,自治区加强全区草原勘测规划工作,大力推行定居游牧。1958年2月,乌兰夫在中共内蒙古自治区第一届代表大会第二次会议上指出,在牧区实现大跃进,"要大力进行牧业四项基本建设:兴修牧区水利,改良牧场,建立饲料基地、规划四季牧场,开展兽疫防治工作,改良牲畜品种",其中规划四季牧场要"与合作化相结合,必须积极推行定居游牧。推行定居游牧必须以合作社为基础,必须全面规划,选好定居点和牧场进行饲料基地的建设,逐步固定牧场的使用权。争取在第二个五年计划期间,把定居游牧普遍推广"[①]。同时注重草牧场使用权的固定和四季牧场的划分工作,要求在定居和半定居区实行划定牧场划区轮牧,获得使用权的人民公社要有计划地分配四季牧场,加速定居建设和进行其他固定性基本建设。1960年中共中央下发《关于农村人民公社当前政策问题的紧急指示信》,牧区人民公社开始实施"三级所有、队为基础"的政策制度,建立公社、生产队和生产小队三级所有的根本制度,坚持生产小队的小部分所有制。其中提出,劳力、草场(包括打草草场、放牧牧场)、畜群、役畜、工具、棚圈设备必须坚持实行"六固定",固定给生产小队经营和使用,并且登记造册,任何人不得随意调用。草场一般应该以生产小队划定适用范围,并由生产小队进行草场改良和水利建设,必须进行草场调剂时,也应该商得被调剂生产小队的同意。草场没有固定使用的,由生产队统一规划,分配给生产小队固定放牧和进行草场建设[②]。因此,当时草牧场使用权的固定范围基本缩小到生产小队,并承担草牧场的改良和建设任务。

1961年7月,内蒙古自治区颁布《内蒙古自治区牧区人民公社工作条例(修正草案)》,规定"草牧场为全民所有,固定给生产队使用,生产队有永久使用权和经营保护权"。这是自治区成立以来首次在规范性文件

---

① 内蒙古党委政策研究室等:《内蒙古畜牧业文献资料选编》第二卷(上册),内蒙古党委印刷厂印刷,1987年版,第391页。

② 内蒙古党委政策研究室等:《内蒙古畜牧业文献资料选编》第二卷(上册),内蒙古党委印刷厂印刷,1987年版,第596页。

中正式提出草牧场所有制为全民所有。到1965年4月，内蒙古自治区出台《内蒙古自治区草原管理暂行条例（草案）》，以法规形式确定自治区境内所有草原均为全民所有。该条例的发布，标志着实行了十余年的草牧场民族公有制已过渡为国家所有制。而在使用权问题上仍然继续强调将其固定给生产队（最基本的核算单位），同时适当放宽生产小队的自主权。在《内蒙古自治区牧区人民公社工作条例（修正草案）》中指出，"生产队在管理本队生产上，有一定的自主权"，包括"生产队有权对生产大队固定给的劳力、畜群、草牧场、工具、设备、役畜长期经营和使用"，"有权安排放牧时间、地点和冬春营地"，"有权在划定的范围内选定打草场打草"①，等等。到1963年，对全区大部分公社的草场进行了综合利用规划，明确了社界，粗线地安排了放牧场、打草场、定居点、饲料基地、水利建设等各项用地，并根据群众原有的移场放牧习惯，把草场按自然条件、气候特点划分为冬、春、夏、秋季节营地，推行了按季移动放牧的草场利用制度，认为"划分季节营地是现阶段合理利用放牧场的基础；在季节营地内实行分区分段放牧，是合理利用放牧地的主要内容，两者正确地结合，才能达到合理利用草原的目的"②。于是，公社、生产队甚至生产小队的草牧场边界逐步确立，侵占其他社队的牧场、打草场和水源的行为被制止，草牧场调剂成为生产队与生产队、公社与公社、旗与旗、盟市与盟市之间解决生产之需的有效途径，同时也出现了所谓收取一部分草原建设费之说。如在1965年4月颁布的《内蒙古自治区草原管理暂行条例（草案）》规定，"草牧场固定后，如必须变动时，应按下列规定办理：根据生产发展需要，相互调节草牧场、改变草牧场使用权限时，对原使用单位投资兴建的各项基本建设，应予合理补偿"③，而同年7月份的草原工作会议进一步指出，"今后，除遇较大灾害，由盟、自治区统一调剂牧场外，凡到外单位借场放牧、搂草、砍柴、挖药材的，都要征得对方同意。今后

---

① 内蒙古党委政策研究室等：《内蒙古畜牧业文献资料选编》第二卷（下册），内蒙古党委印刷厂印刷，1987年版，第55—56页。

② 内蒙古党委政策研究室等：《内蒙古畜牧业文献资料选编》第四卷，内蒙古党委印刷厂印刷1987年版，第155页。

③ 内蒙古党委政策研究室等：《内蒙古畜牧业文献资料选编》（第四卷），内蒙古党委印刷厂印刷，1987年版，第184页。

可考虑对借用单位适当收一部分草原建设费"[①]。

固定草牧场使用权和定居游牧一直被作为保护、利用、建设草牧场的前提而推行,同时自治区也三番五次下令"禁止开垦、保护牧场"。然而,在"大跃进"和"文化大革命"期间,受全国经济建设影响,大量优质草牧场被开垦或被非牧区单位占用。据统计,1958—1960年三年的"大跃进"期间,自治区牧区耕地面积由1957年的15万亩,扩大至1961年的790多万亩,开垦了大量不应该开垦的草原,破坏了牧场,使其成为既不能农也不能牧的"荒地"[②];而"文化大革命"期间在牧区和半农半牧区开垦草原115万多公顷,导致大片草原荒漠化,严重挫伤了牧民生产的积极性[③],其中有250个非驻牧区单位办了农村、牧场,开垦草原22万公顷,另外占有草牧场38万公顷[④]。到了后期,特别是在农业学大寨运动的影响下,以乌审召为典型,逐渐重视草原建设问题,提出了基本草牧场建设问题,要求到1975年,实现饲草饲料基地水利化、冬春营地井网化,每个基本核算单位建设初具规模的基本草牧场3000—5000亩,实现苗木、草籽自给;到1980年前,每个基本核算单位建设基本草牧场7000亩,同时实现草原建设和畜牧业的机械化、四季营地井网化及基本草牧场水利化、林网化[⑤]。所谓基本草牧场就是稳产高产的放牧场、割草场和饲料基地的总称。其中,作为草牧场建设与退化的双刃剑,饲料基地建设规模不断扩大,仅1975年牧区饲料基地就高达33.2万亩[⑥],甚至被要求1978年牧区和半农半牧区每个基本核算单位都要集中力量,先建设好水、草、林、料基

[①] 内蒙古党委政策研究室等:《内蒙古畜牧业文献资料选编》(第四卷),内蒙古党委印刷厂印刷,1987年版,第200—201页。

[②] 内蒙古党委政策研究室等:《内蒙古畜牧业文献资料选编》(第二卷),下册,内蒙古党委印刷厂印刷,1987年版,第79页。

[③] 林蔚然、郑光智主编:《内蒙古自治区经济发展史》,内蒙古人民出版社1990年版,第188页。

[④] 内蒙古自治区畜牧业厅:《内蒙古自治区畜牧业发展史》,内蒙古人民出版社2000年版,第206页。

[⑤] 内蒙古党委政策研究室等:《内蒙古畜牧业文献资料选编》(第四卷),内蒙古党委印刷厂印刷,1987年版,第233—234页。

[⑥] 内蒙古党委政策研究室等:《内蒙古畜牧业文献资料选编》(第四卷),内蒙古党委印刷厂印刷,1987年版,第239页。

地300—500亩①。结果，截至1975年，内蒙古牧区4.65亿亩草原，近三分之一的草场（约1.5亿亩）不同程度地退化，产草量减少40%—70%，还有5000万亩草原沙化，1000万亩开垦被毁掉②。

其间，达茂旗全面执行"水、草、繁、改、管、防、舍、工"的牧业八字方针，贯彻"以牧为主，农牧结合，禁止开荒，保护牧场"的政策，推行牧业"三定一奖""二定一奖"责任制和加强牧业基本建设。根据本旗的实际情况，进行围封草场，建设饲草料基地，扩大人工种草面积，发展草原灌溉，草场有所恢复。到1976年，牧区灌溉面积达3603公顷，围建草库伦10773公顷。同时对牲畜合理组群放牧，积极进行畜种改良、疫病防治，并加快棚圈建设。到1976年，牧区有畜棚面积123万平方米，畜圈44.4万平方米。1981年全旗大小牲畜达到869244头（只），比1857年增加314001头（只）③。

（三）草牧场承包责任制

草畜双承包制使草牧场产权制度更加明晰。1978年年底，中共十一届三中全会彻底否定了"两个凡是"的方针，重新确立解放思想、实事求是的思想路线，停止使用"以阶级斗争为纲"的口号，做出把党和国家的工作重心转移到经济建设上来，实行改革开放的伟大决策，从而结束了粉碎"四人帮"之后两年中党的工作在徘徊中前进的局面。1982年、1983年，中央连续发出《全国农村工作会议纪要》和《当前农村经济政策的若干问题》两个"一号文件"，指出联产承包制是在党的领导下我国农民的伟大创造，是马克思主义农业合作化理论在我国实践中的新发展。于是，联产承包责任制迅速取代了"三级所有、队为基础"的人民公社体制，我国农村及农业制度改革步入新阶段。其间，内蒙古牧区草牧场制度也实现了平稳过渡。在草牧场所有权问题上从全民所有制逐步过渡到两种制度并存的制度安排，在使用权方面依然坚持使用权固定给基本核算单位，并使其逐

---

① 内蒙古党委政策研究室等：《内蒙古畜牧业文献资料选编》（第二卷），下册，内蒙古党委印刷厂印刷，1987年版，第308页。

② 内蒙古党委政策研究室等：《内蒙古畜牧业文献资料选编》（第四卷），内蒙古党委印刷厂印刷，1987年版，第243页。

③ 内蒙古党委政策研究室等：《内蒙古畜牧业文献资料选编》（第四卷），内蒙古党委印刷厂印刷，1987年版，第185页。

步缩小至作业组、畜群、专业养畜户，要求落实畜牧业生产责任制和草牧场责任制，同时也强调草原建设工作。

在此期间，内蒙古牧区坚持"三级所有、队为基础"的制度，提出人民公社、生产大队和生产队的所有权和自主权，必须受到国家法律的保护，在畜牧业生产领域推行以"两定一奖"（定产、定工）或"三定一奖"（定产、定工、定费用）为内容的责任制度。在草牧场制度安排上，要严格执行《内蒙古自治区草原管理条例》，在草牧场全民所有制框架下，要求尽快把草牧场的使用权落实到场、社、队。同时，清理非牧业生产或非牧区人口占用草牧场的现象和行为，并允许获得使用权的核算单位向借场放牧者收取一定数量的管理费。如1979年2月，由内蒙古自治区党委、革命委员会出台的《关于农村牧区若干政策问题的决定》中明确提出，"机关、厂矿、学校、企事业等单位在牧区、半农半牧区建立的各种副食品基地，除牧区民族学校的小型牧场、专业学校的教学牧场以及商业部门的食品牧场外，其他一律在1979年内全部撤销；除牧区的工矿企业可以允许在矿区内种植部分蔬菜外，其他各单位在牧区开荒种地的立即全部封闭；农区社队到牧区、半农半牧区开荒种地，要一律封闭，退耕还牧。个别确有困难的，由盟、旗负责组织双方协商，适当调整；要严格执行《内蒙古自治区草原管理条例》，尽快固定草牧场使用权，禁止任何单位到牧区、半农半牧区滥垦、滥牧。对屡教不改、肆意破坏国家资源的，要依法惩办"。再如，在1980年2月出台的《内蒙古党委、人民政府关于畜牧业方针政策的几项规定》中明确规定，"人民公社的基本核算单位有权因地制宜地发展畜牧业生产，有权保护、利用、建设草牧场；人民公社、生产队对所辖范围内草牧场的使用权，应当受到法律保护；划分草牧场使用权的工作，要在1981年年底以前完成，并由旗县人民政府发给执照。草牧场固定后，任何单位不得侵占。除因灾可通过协商借场放牧外，其他借场者，应缴纳一定数量的管理费"。

虽然人民公社时期反复强调固定草牧场使用权问题，但受内外诸多因素的影响，草牧场使用权落实工作进展相对缓慢。到1980年12月，全区有6个旗、72个公社、401个大队固定了草牧场使用权[①]，到1981年4月落

---

① 内蒙古党委政策研究室等：《内蒙古畜牧业文献资料选编》（第四卷），内蒙古党委印刷厂印刷，1987年版，第351页。

实范围扩大到8个旗县①，始终没有完成使用权的全部落实。同期，全区草牧场退化、沙化现象日益严峻，到20世纪80年代初全区三分之一左右的草场严重退化、沙化②，而其原因普遍被解释为没有很好地固定草牧场的使用权，甚至草场的所有权安排不当③。

于是，对草牧场所有制度进行调整和进一步落实使用权成为必然，意在建立与畜牧业生产责任制相适应的草牧场制度体系。1980年春，内蒙古自治区人民政府决定对《内蒙古自治区草原管理条例》进行修改，决定要将内蒙古草原的所有权由单一的全民所有制改为全民所有和集体所有两种所有制。1981年1月中旬，内蒙古自治区党委召开常委扩大会议，专门讨论内蒙古草原的所有制问题。会议决定内蒙古草原实行社会主义全民所有和社会主义集体所有两种所有制。1982年3月26日内蒙古自治区党委办公厅印发修改后的《内蒙古自治区草原管理条例（试行）》，规定："自治区境内的草原所有制，现阶段为社会主义全民所有制和社会主义集体所有制"；"社会主义全民所有制草原，系指按国家法定程序组建，并经旗县以上人民政府批准的国营企事业单位及其他单位经营管理的草原和尚未开发利用的草原"，"社会主义集体所有制草原系指人民公社生产队（基本核算单位）所属范围经营管理的草原"④。《内蒙古自治区草原管理条例（试行）》发布后，在全区范围内进行试点，截至1983年12月，试点范围扩展至全区12个盟市，有60多个旗县的6亿亩草场落实草原所有权，有1.3亿草场落实了使用权和管理责任制，不少旗县社队已经发放了草原所有证和使用证⑤。

对于内蒙古草原牧区而言，《内蒙古自治区草原管理条例（试行）》

---

① 内蒙古党委政策研究室等：《内蒙古畜牧业文献资料选编》（第四卷），内蒙古党委印刷厂印刷，1987年版，第365页。

② 许志信：《草原退化与合理利用》，《内蒙古农牧学院学报》1981年第5期。

③ 李文：《全区畜牧局长会议上的讲话》，内蒙古党委政策研究室等《内蒙古畜牧业文献资料选编（第二卷·下册）》，内蒙古党委印刷厂印刷1987年，第449页；张正明：《内蒙古草原所有制问题面面观》，《内蒙古社会科学》1981年第4期；许志信：《草原退化与合理利用》，《内蒙古农牧学院学报》1981年第5期。

④ 陈永泉：《内蒙古草原所有制的演变及对草原畜牧业的影响》，《中国草业可持续发展战略论坛论文集》，2004年9月18—19日，第308—309页。

⑤ 内蒙古党委政策研究室等：《内蒙古畜牧业文献资料选编》（第四卷），内蒙古党委印刷厂印刷，1987年，第429页。

的颁布和试点工作标志着实行了近20年的单一的草原全民所有制，过渡为以社会主义全民所有制和集体所有制为内容的两种所有制，同时开启草原责任制同畜牧业生产责任制结合起来的"双承包"制时代。

内蒙古草原牧区"草畜双承包"制度的实施始于20世纪80年代初期，特别是1984年中央发出《关于一九八四年农村工作的通知》，要求继续稳定和完善联产承包责任制，极大地推动了牧区"草畜双承包"制度的全面实施。据资料显示，到1985年8月，全区有95%的集体牲畜都已作价归户，全区10亿亩可利用草原中已经落实所有权和使用权草原面积将近8亿亩，其中已承包到户的近6亿亩[①]；而到1986年时，所有权和使用权落实面积已经达到了8.9亿亩和7.6亿亩，分别占全区可利用草原面积的86.8%和74.3%[②]。届时，落实草原所有权、使用权和实施家庭承包经营制度（简称"双权一制"）成为了内蒙古牧区草牧场，乃至全国草牧场制度安排的核心内容。

其中，对草牧场所有权制度没有做原则性的改动，延续了1982年发布的《内蒙古自治区草原管理条例（试行）》中"社会主义全民所有制和社会主义集体所有制"两种制度，只是在不同的时期其表述方式有所不同。如，1983年7月21日，内蒙古自治区第六届人民代表大会常务委员会第二次会议讨论通过的《内蒙古自治区草原管理条例（试行）》第五条规定："自治区境内的草原，属于社会主义全民所有和社会主义劳动群众集体所有"，并沿用于1991年9月重新修订的《内蒙古自治区草原管理条例》；在2004年11月修订的《内蒙古自治区草原管理条例》（2005年1月1日起施行）第八条中规定，自治区行政区域内的草原，属于国家所有和集体所有。而不同时期的《中华人民共和国宪法》（简称《宪法》，下同）和《中华人民共和国草原法》（简称《草原法》，下同）中均承认草原的上述两种所有制，如1982年版《宪法》第九条规定，"矿藏、水流、森林、山岭、草原、荒地、滩涂等自然资源，都属于国家所有，即全民所有；由法律规定属于集体所有的森林和山岭、草原、荒地、滩涂除外"，并沿用至今（包括1988年、1993年、1999年、2004年修正案）；1985年颁布的

[①] 内蒙古党委政策研究室等：《内蒙古畜牧业文献资料选编》（第二卷），下册，内蒙古党委印刷厂印刷，1987年，第548页。

[②] 倪东法：《实施草原法规加强草原法制管理》，《中国草原》1986年第6期。

《草原法》第四条规定，"草原属于国家所有，即全民所有，由法律规定属于集体所有的草原除外"，并沿用至今（包括2002年修订版）。

而在草牧场家庭承包经营制度上虽然一直强调"承包到户"，但也经历了循序渐进的细化过程，特别是其使用权。20世纪80年代，开始实行"草畜双承包"（草场公有、承包经营、牲畜作价、户有户养），基本实现所有牲畜的作价归户，把草牧场所有权划归嘎查（村）集体所有，而草牧场承包工作刚刚开始，更多的是把使用权落实到嘎查集体。1982年3月17日，新华社报道内蒙古自治区党委、内蒙古自治区人民政府决定将现有草牧场的使用权固定到国营农牧场、人民公社的基本核算单位，并将使用权按照各地不同的牧业生产责任制形式，分别固定到作业组、畜群、专业养殖户，长期不变。1984年5月内蒙古自治区人民政府在《关于发展农村牧区商品生产搞活经济的七项规定》中提出，"要把草牧场使用、管理、建设的责任制落实到户，承包期至少二十年以上"。据统计，截至1985年8月，全区10亿亩可利用草原已经落实所有权和使用权的面积将近8亿亩，其中已承包到户的近6亿亩。其中，更多的是按居住点、出牧点、水源点划分，夏秋草场划分到户，冬春草场划分到组；准备建设的草场、打草场划分到户，放牧场集体使用[1]。承包草原的前10年，很多地方都按浩特为基本单位进行承包，即使承包到户，牧民仍然按照冬、春、夏、秋四季轮牧方式进行使用，牧户之间没有明显的承包草场界限。

到了20世纪80年代末，由于草牧场"双权一制"落实得还不彻底，落实"双权一制"后对草牧场的科学管理体制没有建立起来，在草牧场的权益关系上产生了新的矛盾，出现了新的吃草牧场"大锅饭"的问题，草畜矛盾加剧，草牧场逐年退化的趋势未能得到有效遏制[2]。为此，自1987年起自治区畜牧局在阿鲁科尔沁、巴林右旗等10个旗，开始进行草牧场有偿承包的试点和试行，探索牧区草牧场管理的新制度。1989年9月，内蒙古自治区人民政府在阿鲁科尔沁旗召开全区草牧场有偿承包使用经验交流现场会议，并于同年10月自治区人民政府批转的自治区农委《关于进一步落实草牧场使用权，实行草牧场有偿承包使用制度的初步意见》报

---

[1] 内蒙古党委政策研究室等：《内蒙古畜牧业文献资料选编》（第二卷），下册，内蒙古党委印刷厂印刷，1987年，第548页。

[2] 倪东法：《草牧场有偿承包使用浅识》，《内蒙古草业》1997年第6期。

告，对草牧场使用费确定了初步标准。1993年下半年，自治区畜牧局对10个实行草牧场有偿承包使用试点旗进行验收，并全部通过。同年年末，全区实行草牧场有偿承包使用的已有59个旗县，590苏木、乡，3998个嘎查村，26.9万户牧民，3803.27万公顷草原，2497万头（只）牲畜。1994年9月，国家农业部畜牧兽医司在阿鲁科尔沁旗召开全国草牧场有偿承包使用现场会议，推广阿鲁科尔沁旗实行草牧场有偿承包使用的经验，并决定用二三年时间，在全国实行草牧场有偿承包使用制度[1]。

然而，鉴于当时各地草牧场使用费收费标准不一，及牧民税费负担过重，1996年内蒙古自治区人民政府做出《关于进一步落实完善"双权一制"的规定》，明确提出要把草牧场彻底承包到户，并坚持30年不变（各地区承包合同签订时间不同，起止时间有差异，如内蒙古锡林郭勒盟多地为1996—2026年，而阿拉善盟多地为1998—2028年等），开始了内蒙古牧区第二轮草牧场承包工作。据统计，截至1998年3月底，全区共落实草原所有权面积8.52亿亩，占全区可利用草原面积的93%；落实草原使用权面积7.49亿亩，占可利用草原面积的81%；落实草原承包到户面积5.12亿亩，占可利用草原面积的56%[2]。此后的几年中，内蒙古牧区"双权一制"落实工作不断强化，至2005年内蒙古全区已落实草原所有权面积10.4亿亩，落实承包到户面积8.3亿亩[3]，草原"双权一制"工作基本完成。

达茂旗的草畜双承包，始于1981年，其内容首先将畜群承包到户，畜群的所有收入归承包户所有，将牧业基础设施（棚圈、房屋）、工具、机械等固定资产等价包给社员。1983年年底开始草、畜双承包，到1984年上旬，在牧区全面推行"双承包"生产责任制。主要内容是，草场的所有权归集体所有。草牧场使用权由传统的委托行政法人机构向牧民承包转换，是草牧场产权制度的历史性变革。

1981年达茂旗首先在新宝力格公社莎如塔拉队实行草畜双承包。到1983年年初，扩大到12个牧业队。同年年底，全旗牧区的"草畜双承包"

---

[1] 滕有正、刘钟龄：《论征收草场使用费》，《内蒙古财经学院学报》2006年第1期。
[2] 于铁夫：《关于以落实草原承包到户为重点全面落实"双权一制"工作情况的报告》，1998年5月27日在内蒙古自治区第九届人民代表大会常务委员会第三次会议上的讲话稿。
[3] 内蒙古农牧业厅：《内蒙古自治区农牧业经济"十一五"发展规划（2006—2010）》，2006年9月。

责任制全部完成。全旗全部实行了大包干，规定为保证畜群的数量和质量，将畜群承包到户，畜群的所有收入归承包户所有，开支由承包户承担，承包户上交生产队大畜3%—5%、小畜5%—10%，同时将棚圈、房屋、工具、机械等作价给社员，总价额为1103588元。实行草畜双承包后，牧民人均收入有了明显增加，由1982年的228元，增长到378元，增长了65.79%。到1984年上旬，在牧区全面推行"双承包"生产责任制。草场的所有权归集体的前提下，将合理使用草场和草场的建设权落实到户；集体的牲畜作价归牧民所用。当时，大畜作价33350头，价额2622310.5元，畜均作价78.63元；小畜作价191958只，总价额2111538元，畜均11.00元，加之设施和劳动工具价额共为5837584元。生产队每年根据牲畜头数，收取适当的公用经费。由于实行草畜双承包生产责任制，牧民总投资逐年增加。从1983年的145万元，增到1985年的271.75万元；1990年达499.3万元，是人民公社时期年均投资的3.97倍。牧区综合生产条件和设施得到明显增强和改善，牧民人均收入逐年增长。1990年，达茂旗人均收入达713元，是1983年的1.88倍，是1978年的421倍[①]。

1983年至1985年，牧区经济体制进一步改革，准许牧场主人雇工，准许有偿转让草场使用权。1988年年底，在原改革的基础上，牧区又实行了第二步改革，将草牧场的使用权全部划分到牧户，苏木人民政府和牧户签订草牧场使用合同，并颁发使用证，建立草牧场使用档案。到1991年10月，历经3年，全旗牧区11个苏木全部完成了这项工作，共签订草牧场使用合同书10131份，颁发草场使用证337本，涉及牧民3377户，11819人，草场1835.76万亩。实行"草畜双承包"责任制，在一定时期内极大地调动了牧民的生产积极性，解放了生产力，增加了牧民的收入，提高了牧民的生活水平，同时也极大地调动了牧民对草牧场建设、投资、保护、合理利用的自觉主动性，牧区综合生产条件得到了明显增强和改善。

根据《内蒙古自治区进一步落实完善草原"双权一制"的规定》精神，达茂旗自1997年开始了牧区第二轮草牧场承包到户，实行延长30年或50年不变的政策，更明确、彻底、稳定和完善了"双权一制"草牧场

---

① 《达尔罕茂明安联合旗志》编纂委员会：《达尔罕茂明安联合旗志》，内蒙古人民出版社1994年版，第191页。

承包到户责任制。同时，按照《内蒙古自治区草原管理条例》和《内蒙古自治区农牧业承包合同条例》的规定，制定各牧户权、责、利统一的管理制度，允许继承、允许依法转让，本集体经济组织（本嘎查）优先。直至2005年，牧区的经济体制改革一直遵循以下几项原则：一是"大稳定、小调整"的原则。凡落实草原承包责任制的地区，如承包的依据合理、方法正确、群众满意或没有重大原则问题，一般不作大的变动，根据群众意见可作适当调整。二是生态和效益相结合的原则。承包必须考虑草场的经济效益和生态效益，在合理规划的基础上，科学地确定人、户、畜三个因素在分配草原时所占的比重。三是统分结合的双层经营原则。在大部分草牧场划分后，可根据需要留出部分机动草牧场，由集体组织经营，以增加集体组织的调控能力。四是权责利相结合的原则。草牧场承包者有权依法享有对承包牧场的使用权，任何单位和个人不得侵犯，但同时也有保护和建设草牧场及其他各种义务。五是草畜平衡，增草增畜的原则。在承包时，坚持以草定畜，增草方可增畜，防止超载过牧的发生。

其间，20世纪90年代末，随着草牧场承包到户、草牧场退化加剧及畜牧业生产的发展，牧户之间的草牧场需求出现差异，承包户之间的草牧场借用、租用行为逐渐增多，草牧场承包经营权的流转成为草牧场使用制度改革的方向。早在1991年《内蒙古自治区草原管理条例（修正）》第六条中明确规定，草原的承包经营权可以有偿转让。但直到草牧场第二轮承包，苏木或嘎查之间、小组或浩特之间、牧户之间的草牧场借用、租用、转让行为相对较少，或未能影响双方使用草牧场和发展畜牧业的正常秩序。20世纪90年代中后期，随着草牧场承包到户的彻底落实，牧户间草牧场边界逐渐清晰，并开始围栏，跨界放牧行为受到极大限制，而以收取使用费为媒介的草牧场流转行为开始出现。于是，内蒙古自治区人民政府在《中共中央、国务院关于当前农业和农村经济发展的若干政策措施》（中发[1993]11号）、《国务院批转农业部关于稳定和完善土地承包关系意见的通知》（农业部1994年12月30日）等规范性文件的基础上，于1999年12月发布施行了《内蒙古自治区草原承包经营权流转办法》（内蒙古自治区人民政府[1999]第99号政府令），草牧场承包经营权流转以草牧场家庭承包经营制度的完善机制之一的身份正式出现。

进入21世纪，为了恢复和保护极度恶化的草原生态，中央和地方政府先后实施了京津风沙源治理、退牧还草、草原生态保护补助奖励机制等生态工程，缓解和遏制草原生态继续恶化的势头。其中，禁牧休牧政策是对牧区草牧场制度，特别是经营制度影响最深刻的政策安排。2007年，为贯彻落实党的十七大提出的关于建设生态文明的号召，达茂旗根据自治区部分盟市及牧区旗市生态保护座谈会意见和《中共包头市委员会、包头市人民政府关于加快推进农村牧区收缩转移集中战略的实施意见》《中共包头市委员会、包头市人民政府关于实施围封禁牧加强生态建设的决定》的精神，决定从2008年1月1日起，启动牧区6个苏木镇实施全面禁牧的生态保护工程。为保证全面禁牧工作的顺利实施，达茂旗旗委、旗政府先后出台《关于加强牧区围封禁牧工作的决议》《达茂旗牧区禁牧工作实施方案》等，制定了实施全面禁牧工作的各项政策措施。全面禁牧，也称常年禁牧。它不同于内蒙古自治区其他牧区实施的禁牧、休牧、轮牧，更不同于农区实施的舍饲圈养，它是对禁牧区草牧场实施围封禁牧，牧民要在全部出栏牲畜的同时从居住地搬迁转移。当然，在具体实施过程中，由于调查研究不充分、宣传工作不到位、工作方法不得当、禁牧措施不妥当、政策落实不到位等多重原因，未能达到取得生态效益、经济效益和社会效益的根本目标[①]。

截至2016年，达茂旗全旗落实草原所有权和使用权面积2277.71万亩，落实草原承包经营权面积2055.9万亩，占牧区草原总面积的90.2%。

第三节　草原畜牧业生产经营方式的变迁

纵观达茂旗畜牧业生产经营方式变迁，大致经历了从传统游牧到定居游牧、再到定居划区轮牧的变迁过程。

关于如何评价从传统游牧到定居游牧的历史进程，是一个需要深入研究的课题。对此敖仁其等学者指出，从表面来看，游牧到定居不过是畜牧业生产方式变迁的问题。但是它更深层地涉及我国及内蒙古自治区的社会、政治、经济、文化发展史。如果没有对这些深层问题的解析和研究，

---

① 乌恩白乙拉：《全面禁牧政策落实情况调查研究——以内蒙古达茂旗白音杭盖嘎查为例》，硕士学位论文，内蒙古师范大学，2011年。

而仅仅从生产方式的角度分析游牧到定居的历史进程，不单单是表层化、形式化，更为重要的是无法理解和阐释游牧到定居的内在逻辑关系或历史必然性。达茂旗是内蒙古比较典型的牧业旗之一，要具体阐述其游牧生产方式的当代变迁，首先应当把它放在内蒙古整个当代社会、政治、经济，乃至文化变迁的大背景上，才能比较清晰地认识、把握和解释其具体的历史进程。内蒙古自治区成立不久，1948年7月乌兰夫提出："内蒙古境内土地为蒙古族所有"，"畜牧区内实行自由放牧，盟旗行政区划内，草原牧场一切牧人放牧自由"。其目的是解放封建制度束缚下的生产力，发展畜牧业生产；同时，使广大牧民自愿选择放牧方式，如分群、合群、轮牧、专牧、游牧等。同年，自治区政府提出把"改善放牧制度"作为游牧区的一项重要政策。1951年，内蒙古自治区人民政府正式提出了"定居游牧，人畜两旺"政策；1958年，自治区党委提出了"推行定居"和"划定牧场，移场放牧"的要求；1962年，全区实行"定居游牧"；到60年代中期，在内蒙古地区延续了几千年的游牧方式已基本被定居游牧或定居移场放牧所取代。

在内蒙古自治区牧区普遍推行"改善放牧制度"的过程中，达茂旗自20世纪50年代中期逐渐从传统游牧到定居游牧，再到划区轮牧。

一　放牧方式的变化

游牧是历史上中国北方草原主要放牧方式。游牧经济的本质就是饲养和管理草原"五畜"——牛、马、驼、山羊、绵羊，最大特点是有效利用草地资源。蒙古高原是典型的干旱半干旱草原，其大部分地区降水量偏低，且分布不均匀。在寒冷、干旱的气候条件下，单位面积牧草产量低，而且变率大，只有通过草原"五畜"穿越时空限制的迁移，才能更好地利用草地，保障牧业生产。严酷的、特定的自然生态环境，造就了一种以时间和空间性移动为主的畜牧生产方式——游牧。

关于蒙古高原"五畜"的游牧方式及其规律，经济学者敖仁其、额尔敦乌日图引用任继周先生提出的"系统在时间、空间和中间的耦合效应"来解释说："同一时间区域中的地貌、草原结构、畜种结构分布不同，同一空间区域中的降水变率、动植物群落的生长发育运用自如不同，因此草原生态系统的时空耦合是在一个极为复杂、多变的体例中进行着"，游牧民族对草原"五畜"面对复杂、多变的环境要素，形成自控演化行为有效利用，采取相应的游牧技术和游牧策略，进而不断掌握草原与畜群互动规律，形成了独特的游牧放牧方式。

（一）达茂旗传统游牧业放牧方式

达茂旗位于内蒙古中西部阴山北麓浅山丘陵干旱地区，降水季节短暂，降水量少且年际变化大，时空不均。植被稀疏，植物群落结构简单。这种严酷干旱的自然环境和条件，造就了达茂旗传统牧业的游牧放牧方式。早期达茂旗牧民在全旗境内寻找水、草而不断移动畜群，季节性迁徙，鲜少长期地定居，形成了随天然草原放牧的基本模式、方式及放牧制度。他们根据草原地形、地势条件、水源条件、植被条件等草场的季节适应性，以选择划分和更换季节营地，作为放牧的基本模式或方式。具体地说（见表2-1）：

1.连续放牧。即不分季节、全年都在同一草场连续自由放牧利用。当草多畜少时，这种放牧方式省时省力节省成本；当牲畜量大时，往往超载放牧，使草场遭受破坏。

2.季节营地放牧。根据草场的具体情况，划分为不同的季节营地，每一季节营地都在一定的放牧季节中利用，可以使草原获得阶段性休养。这种放牧方式在内蒙古应用得十分普遍。最常用的季节营地是冬春营地和夏秋营地。

3.抓膘放牧。主要在夏末秋初进行，是在比较广阔、条件较好的草场上，每天转移营盘，让牲畜选择采食最好的饲草，短期内达到膘肥体壮。在粗放的经营条件下，有经验的牧民重视抓膘放牧，因为抓好秋膘是提高牲畜出栏率的重要保证。但这种放牧方式同时也降低了对牧草资源的利用效率。

4.就地宿营放牧。当放牧空间足够大时，由牧工掌握畜群，在一定时间内进行轮牧。它与划区放牧既有相同点，又有所不同。放牧到哪里就在哪里宿营，并在宿营地周围放牧一段时间。由于经常更换营地，有利于牧草的牧后恢复，利于撒布粪尿，减少疾病传染，减少热能损耗，但牧工劳动强度较大。

5.划区放牧。把全年草场或季节牧场划分成若干个放牧分区,有计划地让牲畜在每个分区放牧若干天,逐区轮回利用。当某个分区被放牧时,其他分区得到休养生息。划区轮牧对围栏、水源、饮水设施等投入较大,在条件好的夏秋季牧场应用较多,但在其他牧场应用不普遍。

因内蒙古牧区各地自然经济条件不同,选择采用的游牧放牧方式及其组合方式也不尽相同。大致来说,在内蒙古中、西部地区,包括达茂旗,基本采用季节营地放牧方式,即分冬春、夏秋两季营地组合形式,以阶段性放牧方式为主。在季节营地固定后,采用以更换营地分盘放牧法,包括营盘的选择布置和更换。营地的选择和季节轮换及营地转移的路线,是根据草原季节变化和草场利用程度来决定的。

这种根据天然草场的季节适宜性,按季节划分营地,更换营盘,轮换放牧场的放牧方式是草原牧民在长期的游牧生产实践中总结出来的一种以合理利用草原天然放牧场为重要内容的传统放牧制度和方法,同时也是一种适应和保护草原生态环境的科学方式,乃至是一种先进的放牧方式。

表2-1　　　　　　　　　内蒙古牧区放牧方式

放牧方式	特点	季节
连续放牧	不分季节、同一草场	全年
季节营地放牧	分季节、定营地、阶段性放牧	冬春营地和夏秋营地
抓膘放牧	选择优质草场、短期内移动营盘放牧	夏末秋初
就地宿营放牧	在较广阔的牧场、频繁更换营地放牧	季节不定
划区放牧	划分放牧分区、有计划地划区轮回放牧	四季

(二) 新中国成立以来放牧方式的变化

新中国成立以来,随着社会体制及经济制度的变革,内蒙古地区游牧生产方式、放牧及管理制度也经历了从传统向现代的转型,尤其是牧区放牧方式及制度的主体格局,由"逐水草而迁徙"的传统游牧方式逐步向定居游牧、定居移场放牧、定居划区轮牧制度转型。

经济学者敖仁其、额尔敦乌日图在《牧区制度与政策研究——以草原畜牧业生产方式变迁为主线》一书的有关章节中,就内蒙古牧区自新中国成立以来不同历史时期的放牧及管理制度的变迁过程及基本情况做了较为系统的阐述。对于达茂旗而言，其畜牧业放牧方式及管理制度的变迁，与内蒙古牧区的总体变迁过程是一致的。在此我们更多地引用学者们的研究成果，加以概括性的说明，并进行初步的评估和分析。

就达茂旗放牧方式变迁情况来说，从游牧到定居游牧、再到划区轮牧的历史进程，大体上经历了三个历史阶段（见表2-2）：

第一阶段：自内蒙古自治区成立至20世纪50年代中后期，随着草场（土地）和畜群由蒙古族公有过渡到互助组、牧业生产合作社所有，以家庭为主的"新苏鲁克"为放牧单位，在本旗界内或苏木界内自由放牧。

第二阶段：20世纪50年代末至1980年年初，随着人民公社化，草场和畜群产权变为全民集体所有制，从而采取了以公社、生产队为基础，实行定居，划分草原使用范围，实行固定畜群、固定草场、固定劳动工具、固定设备设施的措施，以生产队（或嘎查）为基本生产单位，对草场使用统一安排，区分放牧场和打草场，移场放牧。

1953年1月1日《内蒙古日报》乌兰夫署名文章《内蒙古自治区畜牧业的恢复发展及经验》中提出，要提倡定居游牧，达到人畜两旺，认为"从牧业的远景看，游牧牧业是要逐步转为定牧的。但今天看起来，由于我们主要的还是利用天然草场放牧，定牧与游牧各有好处，各有缺点"，"那就应该取长补短，提倡定居游牧"[①]。

在这里值得一提的是，从20世纪50年代中期开始，随着推进合作社、人民公社化和转向定居放牧，使放牧管理和畜群管理逐渐同集体经济管理结合起来，用细致科学的管理方式代替过去粗放的靠天养牧的经营方法。具体地说：

畜群配置：大体有两种形式，一种是在一个生产队里牛、马、骆驼、羊都配置，进行综合经营；另一种是在一个生产队里只经营一种牲畜，进行专业经营。前一种形式比较普遍，达茂旗各公社的所有生产队都以前一种方式配置了畜群，进行综合经营。

由于达茂旗位于典型草原向荒漠过渡地带，适宜发展养羊业，畜群结构中小畜（主要是绵羊）占91%以上。

---

① 内蒙古自治区政协文史资料委员会：《"三不两利"与"稳宽长"文献与史料》，内蒙古政协文史书店2005年版，第90—91页。

畜群规模：根据公社、生产队境内居住情况（定居地区、半定居地区）、草场情况、水源分布、劳动力的多少及牲畜数量等不同条件来确定其畜群规模。达茂旗境内由于气候干旱、降水量少，牧草产量相对低且不稳定等自然条件，为了合理利用草场，各生产队合理确定畜群规模和数量，一般情况是畜群由公母分群管理放牧。其中小畜、羯羊每群500—600只，怀胎母羊及羔羊每群300—400只；大畜规模：马每群200—300匹，牛每群100—150头，骆驼每群80—90峰，实行夏秋、冬春两个时间段定居放牧。

完善放牧管理：在定居放牧、完善放牧管理制度过程中，一是改进放牧方法，有效合理地分群，调整畜群公母比例，适时配种，做好保胎和接产保育配套管理；二是通过改进技术，抓好水、草、棚圈、防疫、改良品种、改进放牧技术和饲养管理，采取合理的合群或分群，畜群固定后，即固定牧工、牧场、水井、棚圈，建立责任制度。

完善畜群生产组责任制：与全区多数牧业旗的基本情况大体一样，在达茂旗自实行定居放牧后，适应草场在一定季节的载畜量，采取了畜群适度规模和大小畜分别分组群放牧形式，以定居的生产队为基本生产单位，实施统一放牧、分户管理的基本措施和制度。役畜固定给生产队使用，补充、繁殖、饲养管理由生产队负责；牧具、水井、棚圈、车辆、毡包等固定给生产队使用，修补、添置也由生产队负责。20世纪60年代初，中央制定了《关于少数民族牧业区工作和牧区人民公社若干政策的规定（草案）》（简称《四十三条》，下同），其中第十三条规定"生产队对畜群生产组实行包产包工、超产奖励的生产管理制度。后经全国牧区会议研究讨论，将《四十三条》中的包工、包产、超产奖励"的生产管理制度改为"定工定产，超产奖励"责任制，自治区党委批转了《牧区人民公社基本核算单位向畜群生产组推行定产、定工、超产奖励制度的试行办法（草案）》。自此，达茂旗牧区人民公社各生产队全面贯彻"两定一奖"制，并实行了"统一计划，统一管理，统一安排劳动力，统一处理产品，统一分配，统一进行基本建设"的六统一措施，由于采取了一系列正确有效的措施，畜群管理和放牧管理都比较完善，牧业生产得到了快速发展。在"文化大革命"期间这些畜群管理制度和措施遭到一定程度的破坏，但并未中断。"文化大革命"结束后，逐步恢复和建立了被破坏了的一些正确的行之有效的放牧管理和畜群管理措施和制度。1973年年初，全区畜牧业生产会议恢复了《四十三条》，明确提出：在畜群管理上实行"两定一奖"，即"定产、定工、超产奖励"的制度，坚持"两定一奖"，分配的"三统一"和"六固定"制度，直至1982年人民公社结束。

第三阶段：1982年至今，即实行了以家庭为单位的生产责任制，畜群放牧管理从集体转为牧民家庭经营。就其放牧方式而言，也经历了三个阶段：

其一，从畜群承包到户到落实草牧场家庭承包制。自1981年，达茂旗实行生产责任制，到1983年扩大到全旗12个牧业生产队，将畜群承包到户。但同期，草牧场承包到户没有彻底进行，很多嘎查集体内部多以浩特、联户承包经营为主，没有真正将草牧场承包经营权落实到牧户家庭。因此，该时期虽大范围游牧方式基本不太可能，但嘎查、浩特之间的季节性轮牧方式依然存在。同时也出现了所谓的"公地悲剧"现象，进一步促使了草牧场承包到户的速度。

其二，自1996年，自治区人民政府正式颁发了《内蒙古自治区进一步落实草原"双权一制"的规定》，凡是能够划分承包到户的，一定要坚持到户，并应制定各牧户权、责、利统一的管理利用制度。至此，家庭承包草牧场内部的任由放牧成为一种常态。承包户可根据草场条件、发展需求和经验，以家庭为放牧单位进行散放、划区轮牧甚至分季轮牧。

表2-2　　　　　　　　达茂旗放牧方式变迁图标

历史阶段	产权（所有）形式	牧业组织形式	放牧方式	放牧单位
1948—1958年	蒙古族公有	互助组、牧业生产合作社	旗界内自由放牧、苏木界内自由放牧	以家庭为主放牧单位，"新苏鲁克"
1958—1982年	全民所有制	以人民公社、以队为基础	定居、按季节移场放牧	畜群生产队
1982年至今	集体所有制、以牧户为生产单元	承包到户、以牧户为生产单元	牧户定居、以家庭为主划区轮牧	家庭为放牧单位

其三，从2007年开始，达茂旗全境全面实施"围封禁牧"工程，要求自2007年10月起对农区实行常年全面禁牧；2008年1月起，对牧区2357万亩草场实行为期10年的全面禁牧。"围封禁牧"给草原畜牧业生产经营方式带来了前所未有的变化。禁牧政策实施后，改变了牧民靠天养牧、自然放牧的生产方式，从事舍饲育肥、"奶牛养殖"或从事其他工作，从此进入了舍饲畜牧业发展阶段。虽然某种程度上舍饲养牧降低了畜牧业经营风险，但经营成本则持续攀高。

二 组织和管理模式的变迁

组织管理通常指通过建立组织结构，规定职务或职位，明确责权关系等，以有效实现组织目标的过程。自新中国成立以来，达茂旗草原畜牧业组织管理制度大致经历了旧苏鲁克制、新苏鲁克制、互助组、合作社、人民公社、家庭承包经营制等组织管理模式。

（一）旧苏鲁克制到新苏鲁克制

"苏鲁克"，蒙古语，原意为畜群之意，后来变成了牧区畜牧业经营的一种形式或牧区草场、畜群的所有制形式。所谓"苏鲁克"制，简单地说，就是牧民向旗札萨克（王）、诺颜及寺院申请接放其拥有的畜群"苏鲁克"，经主人（畜群所有人）了解牧人家底或经营能力情况，准许接放一定种类（大小牲畜）和数量的畜群，以一年为期，牧民自负经营，并按规定向主人缴纳一定数量的增殖优良牲畜，并周而复始。旧"苏鲁克"制的产生和发展是适应牧区经济变化的产物。清朝晚期，在内蒙古牧区，包括达茂旗境内产生了一定规模的"苏鲁克"，直至新中国成立前已经形成一种畜牧业经济的普遍生产经管方式和所有制形式。"苏鲁克"的类型可划分为三种，即旗札萨克及诺颜（贵族）苏鲁克、寺庙苏鲁克、敖包苏鲁克。其中，寺庙苏鲁克发生最早。据资料记载，至新中国成立前夕，寺庙苏鲁克放出的范围最大，数量最多，仅达茂旗城内十多个寺庙长期以来就占有当时全旗牲畜总数的70%—80%，占全旗草场面积的30%—40%。例如达茂旗规模最大的寺庙贝勒庙（又称百灵庙）就曾放出四五万头（只）的牲畜，其他各寺庙也有相当数量的苏鲁克，有的寺庙放出的苏鲁克户多达40多家。旗札萨克（王府）苏鲁克，仅次于寺庙苏鲁克。当时，达尔罕贝勒旗札萨克王就拥有1.5万头（只）大小牲畜，其绝大部分是强制性地放苏鲁克，苏鲁克户多达30多家[①]。敖包苏鲁克则是来源于牧民对敖包的崇敬。历史上牧民为求"敖包"神保佑许下心愿，献出牲畜，由管祭旗、苏木、嘎查敖包的"敖包达"管理，将这部分牲畜逐年放苏鲁克。敖包苏鲁克较少，除旗祭的白云宝格达、那尔图、文公敖包外，还有各苏木、嘎查的敖包苏鲁克。

旧"苏鲁克"制就其牧业生产资料（牧畜和草原牧场）的所有制性质而言，延续了封建领主制所有制，全旗畜牧和草场的占有权仍掌握在王公贵族及寺庙高层阶层手中，而牧民仅能通过接放"苏鲁克"，获得牧场使用权和有限的利益分配权。

自1948年始，内蒙古自治区人民政府提出把"改善放牧制度"作为游牧区的一条重要政策。1948年8月，中共锡林郭勒盟在贝子庙召开第一次牧区工作会议，布置新"苏鲁克"制度，由人民代表会议通过决定，规定每接放百只母羊，每年给牧主50只羊羔，其余归新"苏鲁克"户。1953年12月28日乌兰夫出席中共中央蒙绥分局召开的蒙绥地区第一次牧区工作会议，并作《在过渡时期党的总路线总任务的照耀下，为进一步发展牧区经济改善人民生活而努力》的报告。报告中提出了今后的工作和努力方向，即积极稳妥地领导好互助合作运动与贯彻提倡定居游牧的政策；继续贯彻"不分不斗不划阶级"与"牧工牧主两利"的政策，恰当地解决牧工、牧主的关系，合理调整工资，提倡与推行合同制的苏鲁克，稳定地发展生产；半农半牧区要贯彻"以牧为主，照顾农业，保护牧场，禁止开荒"的方针[②]。

在旧"苏鲁克"制度下，牧区的无畜或少畜牧民收入极少，分配不合理，从而对牧区牧业生产及生产力的发展极为不利。为了改变这种不合理制度，1953年，在内蒙古牧区，根据牧主牧工两利政策和双方自愿原则，产生了新"苏鲁克"制度。新"苏鲁克"制度是由放养双方签订合同，合

[①] 马超群、纳古单夫等：《原达尔罕旗东苏木社会情况》，《乌兰察布文史资料》第三辑，乌兰察布盟文史资料研究委员会，1985年2月。

[②] 内蒙古自治区政协文史资料委员会：《"三不两利"与"稳宽长"文献与史料》，内蒙古政协文史书店2005年版，第463页。

同由人民政府统一印发，三联组成，旗、放户、养户各保存一份，每年更换一次。合同中：1.规定并延长了期限，一般不少于三年；2.调高了放牧户的收入，牧主也有利可图；3.取消了不合理的损失赔偿；4.接放"苏鲁克"不仅可得到畜产品（毛、奶、奶制品），还可分到仔畜；5.有一定劳保用品[①]。

实行新"苏鲁克"制是自治区党委和政府根据新中国成立初期内蒙古牧区实际情况，采取的一种较为积极稳妥的过渡性政策。它为调整以往牧主与牧民的经济利益分配，促进牧区生产力和畜牧业的发展，乃至牧区旧所有制度的变革奠定了一定基础。

为了改造旧苏鲁克制，达茂旗人民政府于1956年2月发出公告，推动了新苏鲁克制的贯彻执行。随之旗人民委员会于3月1日召开牧区"牧工牧主座谈会"，做出了《实行新苏鲁克制度的决议》，对新苏鲁克制进行了一系列暂行规定。其中严格规定，对各种牲畜的所产仔畜，按照比例进行分成，在一定程度上体现了"按劳分配、多劳多得"的原则，这与旧苏鲁克制有所区别。对各种牲畜的仔幼畜保育率分成规定为：羔羊成活的50%，分给牧民；马驹、牛犊成活的45%，分给牧民；驼羔成活的35%，分给牧民，并规定：在仔畜分成的同时，牧民和牧主之间签订苏鲁克的定期合同，一定二年。应上缴税金和肉食用羊，按比例写在合同之中。对各种实物的分配时间，定于每年的阴历七月，同时对苏鲁克牲畜打烙印和做其他印记。小畜的绒毛及奶食，仍由牧民来支配[②]。

1958年，达茂旗新苏鲁克制度因开展互助合作运动和人民公社化而结束。

（二）互助组到合作社

在历史上牧区牧民之间就有互助互帮的风尚，每当牧业旺季或遇有自然灾害，牧户之间无论相距多远，也要同心协力，互帮互助，共庆丰收或同跨难关。新中国成立后将这种牧民间互助互帮习惯，上升为牧业组织形式，大力推广，互助的主要内容放在防灾、接羔、组织定居游牧及组织副

[①] 敖仁其主编：《制度变迁与游牧文明》，内蒙古人民出版社2004年版，第56—72页。

[②] 《达尔罕茂明安联合旗志》编纂委员会：《达尔罕茂明安联合旗志》，内蒙古人民出版社1994年版，第188—189页。

业生产上，组织形式上强调要根据牧民的习惯与要求，可以多种多样，逐步提高，并要求必须严格遵守"自愿互利"的原则，任何形式的强迫命令都要坚决反对①。在《1946年关于热河蒙民工作的指示》一文中就提到，除保护牧场与减轻牧主的剥削外，应组织牧民的互助劳动，节省劳力，经营其他副业（如运盐等），培植饲养牧场，建立家庭手工工厂的皮毛业，创办兽医训练班与牧畜流动治疗所②，并于1949—1950年提出实行推广牧民间的互助组织，适当组织牧民间的生产合作的政策③，提倡与推行牧业生产中的互助合作运动。乌兰夫在1953年12月28日《为进一步发展牧区经济、改善人民生活而努力》的讲话中，提出"互助合作是牧区的个体牧民和手工业者逐步地过渡到社会主义的必由之路。……经过互助合作把牧区分散的个体的畜牧业经济，发展改造成为合作化的社会主义的畜牧业经济"④。

达茂旗旗委、旗政府从1952年开始，在牧区贯彻"互助合作"政策，开展互助合作运动。当年，一努图克、二努图克、三努图克分别组建44个、63个、6个临时互助组。同年，3个基础好的临时互助组扩建成3个常年互助组。1954年，常年互助组达7个、48户、188人；季节性互助组达19个、189户、607人；临时互助组达88个、356户、1273人。

季节性互助组，主要以"三打"（打草、打井、打狼），"两搭"（搭棚、搭圈），抓剪羊绒毛、做毡为主，之后互助内容发展到牧区的各方面的牧业活动。

常年互助组，初步实行了简单的生产计划和制度，实行较明确记工、评工、清工管理办法。对劳力、畜力都制定了价格标准，内分牧业作业组和副业作业组，具备了一定的集体性质因素和内容，为牧业合作化打下了良好基础。

---

① 内蒙古自治区政协文史资料委员会：《"三不两利"与"稳宽长"文献与史料》，内蒙古政协文史书店2005年版，第87—89页。

② 内蒙古自治区政协文史资料委员会：《"三不两利"与"稳宽长"文献与史料》，内蒙古政协文史书店2005年版，第237页。

③ 内蒙古自治区政协文史资料委员会：《"三不两利"与"稳宽长"文献与史料》，内蒙古政协文史书店2005年版，第76页。

④ 内蒙古自治区政协文史资料委员会：《"三不两利"与"稳宽长"文献与史料》，内蒙古政协文史书店2005年版，第109—110页。

临时互助组，也就是对事互助组，即按时定事、临时劳动互助。自1955年内蒙古牧区开始试办牧业生产合作社，将更多的互助组、牧民参与到合作社之中，认为"畜牧业生产经过互助合作，特别是办起合作社以后，能够解决牧区工作中的一系列问题。发展互助组，可以有效地抗御自然灾害，可以解决当前生产工具缺乏和劳动力不足的困难。发展互助合作不仅培养了牧民的集体主义精神，提高了政治觉悟，而且促进了牧民定居游牧。总之，互助合作促进了畜牧业生产的发展，改善了牧民的生活，它是畜牧业社会主义改造的基本道路，也是解决畜牧业生产中各项问题的根本措施[1]"。到1958年7月，内蒙古牧区已经基本实现牧业合作化，并提出整顿巩固大量初级牧业合作社的任务[2]。

到1957年，达茂旗常年互助组达37个，479户、1583人，分别占牧区总户和总人口的21.05%和20.32%。1958年夏，全旗牧业合作社改建成38个初、高级合作社，后经整顿合并为17个牧业社。牧业合作社的组织、管理较健全，由主任、副主任、会计、保管等人组成合作社的常设机构。社员代表大会每年召开一次，讨论决定发展生产计划、财务工作计划和合作社其他各种规章制度的贯彻、执行。合作社对生产和劳动实行"统一分配劳动力""统一进行财务管理""统一进行基本建设""统一支配劳动工具和设施""统一安排草场和草料""统一进行收益分配"六统一措施，便于各种计划任务的落实和实施。

由此可见，达茂旗牧业合作化的总体进程，基本上遵循了自愿互利、典型示范和政府帮助的原则，实现了由临时互助组、季节互助组和常年互助组，发展到半社会主义集体所有制性质的初级牧业生产合作社，再到社会主义性质的牧业合作社的逐步过渡。

（三）人民公社

敖仁其在《制度变迁与游牧文明》一书中提到，新中国成立初期的内蒙古草原的民族公有制延续了大约11年，其间牧民对自己占用的草场可

---

[1] 内蒙古自治区政协文史资料委员会：《"三不两利"与"稳宽长"文献与史料》，内蒙古政协文史书店2005年版，第158—160页。
[2] 内蒙古自治区政协文史资料委员会：《"三不两利"与"稳宽长"文献与史料》，内蒙古政协文史书店2005年版，第200—201页。

以全面地行使占有、使用、收益和处分的权利。在这种情况下，草原的民族公有制事实上等于集体所有制。到了1958年，内蒙古民族公有制受到了人民公社化冲击，草原的民族公有制迅即解体，取而代之的是全民所有[①]。足见人民公社不仅是一种组织管理制度的改变，同样带来了牧区草牧场所有制的改革。

1958年9月根据中央八届六中全会《关于人民公社若干问题的决议》，自治区范围内全面开展了人民公社化运动，达茂旗也不例外。1958年11月中旬至12月中旬，仅1个月的时间，达茂旗全旗牧区建起7个人民公社，99%以上的牧户入了社，入社牲畜达95%以上。1959年，整顿为6个人民公社。人民公社为政、社合一组织，公社下设生产队。以公社、生产队两级为核算单位，实行自负盈亏。生产队为最基本的核算单位和收益分配单位。

1959年，牧区大部分牲畜作价归社，年付固定利息。采取这种办法入社的牧户占总牧户的94.7%，其中付息3%的占98.2%，付息2%的占1.1%，付息1%的占0.7%。役畜和优良种公畜作价入社分期还本，三年还清。各公社的归还比例各有不同，一般的第一年还30%，第二年还40%，第三年全部还清。社员入社的各种生产资料与役畜处理办法相同。

牧区一般给每户留自留畜，包括乘马1—3匹，奶牛1—3头，羊5—10只。农区每户留小畜1—3只。当年全旗共有自留畜14540头，占牲畜总头数的2.5%。

人民公社化后，劳动力由公社、生产队统一安排合理分配。劳动实行标准日工分十分制，牧民的劳动报酬，按项目记工分，年终结账参加分配。在牲畜的饲养上，实行集中统一管理，改变合作化时期的家家户户放五种畜的管理形式，马、牛、驼和小畜分别进行统一组群。1960年，在巴彦敖包公社白彦花牧业队，首先推行畜群"三定一奖一罚"即"定繁活率、定成幼畜保育率、定畜产品产量，完成任务受奖，减产受罚"责任制试点工作。1965年，牧区人民公社各牧业队的畜群组，全面贯彻"两定一奖"，即"定产品、定劳力，超产得奖"制。并实行了"统一计划、统一管理、统一安排劳力、统一处理产品、统一分配、统一进行基本建设和固

[①] 敖仁其主编：《制度变迁与游牧文明》，内蒙古人民出版社2004年版，第56页。

定役畜、固定畜群、固定草场、固定劳动工具、固定设备设施"的措施。

1977年始，把过去用工分和现金奖励，改变为"超多少奖多少，超什么奖什么"的办法，即"全奖全罚"的奖励办法，一直延续到1982年。当年，执行"二定一奖"生产责任制的牧区公社畜群有1290群，牧民的人均纯收入达228元，比1978年的169元增加35%[1]。

1961年，王铎在西北地区民族工作会议上提出："牧区人民公社的任务就是贯彻执行党的社会主义建设总路线，以畜牧业为中心，发展生产，改善人民生活，巩固人民民主专政，建设社会主义的新牧区。公社化后三年的经验证明，牧区人民公社一般实行生产大队的集体所有制为基础的三级所有制，个别规模小的也有两级所有制的（以公社所有制为基础的两级所有制和以生产大队为基础的两级所有制）。因为牧区人民公社是在畜牧业生产合作社的基础上联合组成的，一般原来的苏木（乡）就是现在的公社，原来的畜牧业生产合作社，就是现在的生产大队，原来的合作社下边的生产小队或生产小组（相对于合作化前的互助组或居民点）就是现在的生产队。以生产大队为基础的三级所有制，是符合牧区的生产水平和牧民觉悟水平的"[2]。

（四）家庭承包经营制

达茂旗牧区的人民公社化到1983年全部结束[3]，开始了"草畜双承包责任制"。

其一是从畜群承包到"私有户养""草牧场家庭承包"。1981年5—6月初，自治区召开全区牧区经营管理座谈会，研究牧区的生产责任制问题，决定把选择生产责任制形式的权力交给群众。1982年，在全区牧区推行生产责任制。达茂旗实行生产责任制，始于1981年。首先在新宝力格公社莎如塔拉队实行，到1983年，扩大到全旗12个牧业生产队，年底，牧区全部实行了大包干制，将畜群承包到户，畜群的所有收入归承包户所

---

[1] 《达尔罕茂明安联合旗志》编纂委员会：《达尔罕茂明安联合旗志》，内蒙古人民出版社1994年版，第190—191页。

[2] 内蒙古自治区政协文史资料委员会：《"三不两利"与"稳宽长"文献与史料》，内蒙古政协文史书店2005年版，第435页。

[3] 《达尔罕茂明安联合旗志》编纂委员会：《达尔罕茂明安联合旗志》，内蒙古人民出版社1994年版，第191页。

有，一切开支由承包户承担。承包户上交生产大队大畜3%—5%，小畜5%—10%。同时，将棚圈、房屋、工具、机械作价给社员①。

1983年，针对"牲畜私有户养"与"草牧场公用"的矛盾，提出了"草畜双承包责任制"或"牲畜私有、草牧场家庭承包制度"，将经营畜牧业和经营草原的权力交给了牧民，牧民不仅有经营牲畜的自主权，也有经营草原的自主权，把草原有关的责、权、利，都统一协调起来，使畜牧业生产责任制进一步得到完善②。

自1983年开始，达茂旗在满都拉公社率先展开草、畜双承包试点，到1984年上旬，在牧区全面推行"双承包"生产责任制。主要内容是：草场的所有权归集体的前提下，将合理使用草场和草场建设权落实到户；集体的牲畜作价归牧民所有，生产队每年根据牲畜头数，收取适当的公用经费。由于实行草畜双承包生产责任制，牧民总投资逐年增加，牧民的人均收入也大幅增长③。

其二是落实"草畜双承包责任制"或"双权一制"。1996年，自治区人民政府正式颁发了《内蒙古自治区进一步落实草原"双权一制"的规定》，规定自治区境内的草原，依法属于全民所有和劳动群众集体所有；草原的使用权由行使草原管理权的地方政府负责落实到使用全民所有草原的单位或组织；草原集体所有单位及草原使用权单位，可以将所属草原分片承包给基层生产组织或农牧民经营，原则上提倡承包到户。草原承包责任制一定要落实到最基层的生产单元，凡是能够划分承包到户的，一定要坚持到户，并应制定各牧户权、责、利统一的管理利用制度。草原承包期，一般坚持三十年不变，也可以承包五十年。

同年始，达茂旗在实行"草畜双承包责任制"的基础上，全面落实了"双权一制"的规定，进一步完善了承包责任制。

至此，与全区牧区一样，在达茂旗实际上也全面实现了定居划区轮牧

---

① 《达尔罕茂明安联合旗志》编纂委员会：《达尔罕茂明安联合旗志》，内蒙古人民出版社1994年版，第191页。

② 敖仁其、额尔敦乌日图等：《游牧制度与政策研究》，内蒙古教育出版社2009年版，第44页。

③ 《达尔罕茂明安联合旗志》编纂委员会：《达尔罕茂明安联合旗志》，内蒙古人民出版社1994年版，第47页。

方式的变迁。即以家庭或牧户为单位，在牧场（土地、草场）集体所有的前提下，在以家庭或牧户所承包的草场界线内，完全定居放牧，经营畜牧业生产。

第三章 达茂旗草原畜牧业变迁的影响因素分析

达茂旗草原畜牧业从游牧到定居定牧的变迁，需要一个历史的过程。而其中国家宏观政策调整、牧区人口发展、草原生态变化都从不同的角度和层面上影响整个变迁的路径。

第一节 政策调整的影响

宏观政策对产业发展的影响是显而易见的，特别是极具针对性的产业政策、财政政策和金融政策，将会调控某一产业的发展速度和方向。仔细考察牧区草原畜牧业之变迁轨迹，不难发现其背后都有不同时代、不同取向的政策原因，包括新中国成立初期的自由放牧、"三不两利"，到"以牧为主、农牧结合、禁止开荒、保护草场"，再到"草畜双承包"和"允许雇工、允许有偿转让草场使用权"，甚至到后来的围封转移、休牧禁牧及生态补偿等，无不在影响着草原畜牧业的稳定发展和未来去向。

一 新中国成立至改革开放期间的政策及影响

新中国成立至改革开放，特别是前20年内蒙古自治区在牧区畜牧业方面先后采取了"自由放牧""三不两利""稳宽长""以牧为主、农牧结合、禁止开荒、保护牧场"等积极政策，极大地推动了当时社会生产力的发展和草原畜牧业的转型发展。

乌兰夫在《一九四八年我们的任务》一文中首次提出"放牧自由"这一概念，文中提到"在游牧区，也要消灭封建压迫与剥削，改善牧民生活，实行放牧自由，组织翻身后的农牧民发展农牧业生产，劳动致富"[①]。同年7月，乌兰夫在中共中央东北局于哈尔滨召开的内蒙古干部会议上，针对内蒙古消灭封建剥削的基本内容强调，"畜牧区内实行放牧自由，按盟、旗行政区划自由放牧"，并指出："今后游牧区的政策是：1.废除封建特权，适当提高牧工工资，改善放牧制度。在牧民与牧主两利的前提下，有步骤地发展畜牧业，改善牧民生活。2.罪大恶极的蒙奸恶霸，经盟以上政府批准，可以没收其牲畜，财产由政府处理，一般大牧主一律不斗不分。3.实行民主改革，有步骤地建立民主政权，发展游牧区经济"。即首次提出牧区"牧工牧主两利""不分不斗"政策。甚至在半农半牧区、农区政策中提出，"农业占优势的地方，大中地主的固定的大垄地和牲畜分给贫苦农民，小地主和富农不动；牧业占优势的地方，大牧主的役畜可分给贫苦农牧民，但牧群不分"，"蒙古族农民的农业生产技术比较落后，上升为富农是不容易的，不宜斗争；蒙古族中农为数很少，更应特别保护，决不许侵犯；出租户口地的小地主，不斗争，不分其财产"，等等[②]。而在《内蒙古土地制度改革法》（1948年）第九条中提出"内蒙古畜牧区内实行放牧自由，按照盟旗行政区域的划分，在该区域内的草原牧场上一切牧民均有放牧自由"，第十六条指出"保护畜牧区草原牧场，畜牧区内的土地未经政府许可，任何人不得开垦[③]"。

如上文所述，"三不两利"政策也最早在1948年提出。1948年3月内蒙古工委在乌兰浩特召开兴安盟群众工作团长会议，决定牧区民主改革政策，即"牧区民主改革要从稳定牧区形势，恢复与发展牧业生产出发，不能采取农区的做法，对牧主不斗不分，采取适当措施提高牧工工资"[④]。7月，乌兰夫在中共中央东北局于哈尔滨召开的内蒙古干部会议上首次提出"三不两利"思想；同年9月10日至10月6日，内蒙古工委派政策研究室

[①] 内蒙古自治区政协文史资料委员会：《"三不两利"与"稳宽长"文献与史料》，内蒙古政协文史书店发行，2005年，第26页。

[②] 内蒙古自治区政协文史资料委员会：《"三不两利"与"稳宽长"文献与史料》，内蒙古政协文史书店发行，2005年，第33—36页。

[③] 内蒙古自治区政协文史资料委员会：《"三不两利"与"稳宽长"文献与史料》，内蒙古政协文史书店发行，2005年，第269—271页。

[④] 内蒙古自治区政协文史资料委员会：《"三不两利"与"稳宽长"文献与史料》，内蒙古政协文史书店发行，2005年，第448页。

主任孙大光带领45名干部到呼盟新巴尔虎左旗新宝力格苏木作牧区政治、经济、结构的调查。调查结论中提到,"在牧区不适合划阶级、斗牧主、分畜群;减轻中间剥削,建立合作社,让牧民投资入股,取消奸商剥削;对牧工的工资要适当地提高"等建议,这个调查为坚定贯彻"三不两利"政策提供了实际依据[①]。而在1951年1月16日至24日中共中央内蒙古分局召开的干部扩大会议上,再次提出"在牧区采取'不斗不分不划阶级'的政策。半农半牧区的方针是'保护牧场,禁止开荒'"[②],并于1953年将"自由放牧"确定为解放后党在牧区的基本社会政策之一,同时指出"保存牧主经济,'不斗不分不划阶级'的政策,是根据牧区的经济性质、生产特点、民族特点等实际情况制定的。保存牧主经济,不斗不分,既适合于牧区实际情况也有利于畜牧业生产"。"不划阶级,不是牧区没有阶级。所以不划分,是因为不利于生产,不需要在群众中像农业区那样进行;但在党内则是需要经常研究阶级关系的变化的。"[③]

相比前者,"稳宽长"政策的提出和实施要晚一些。1955年1月,乌兰夫主持中共中央内蒙古分局会议,在讨论《内蒙古自治区人民代表大会组织条例草案(初稿)》时指出,"牧区的社会主义改造要用更多的时间和更和缓的方式,逐步地实现"[④]。而在1955年召开的第二次牧区工作会议上又提出,"我们再三地强调牧区工作要慎重稳进,必须明确牧区过渡到社会主义,有一个相当长的过渡时期。我们牧区的社会主义改造,正如刘少奇同志所指出的'可以用更多的时间和更和缓的方式逐步地去实现'的"[⑤]。1957年2月,乌兰夫在内蒙古自治区旗县长会议闭幕会上的总结报告中,针对牧区社会主义改造问题提出,"畜牧业社会主义改造的基本

---

① 内蒙古自治区政协文史资料委员会:《"三不两利"与"稳宽长"文献与史料》,内蒙古政协文史书店发行,2005年,第450页。
② 内蒙古自治区政协文史资料委员会:《"三不两利"与"稳宽长"文献与史料》,内蒙古政协文史书店发行,2005年,第456页。
③ 内蒙古自治区政协文史资料委员会:《"三不两利"与"稳宽长"文献与史料》,内蒙古政协文史书店发行,2005年,第360—361页。
④ 内蒙古自治区政协文史资料委员会:《"三不两利"与"稳宽长"文献与史料》,内蒙古政协文史书店发行,2005年,第464页。
⑤ 内蒙古自治区政协文史资料委员会:《"三不两利"与"稳宽长"文献与史料》,内蒙古政协文史书店发行,2005年,第149—150页。

方针，可归纳为三个字'稳、宽、长'。稳，就是在稳定发展生产的基础上，逐步实现畜牧业的社会主义改造，这是根据畜牧业经济的特点提出的。宽，就是对个体牧民和牧主政策要宽，要依照自愿原则，愿入社的就入，不愿入社的就不入，不能强迫。对牧主也是如此，他不愿意入社或参加合营牧场，我们还是要帮助他们发展生产。长，就是要想实现稳、宽，就应采取较长的时间。我们一定要深入地体会牧业经济的脆弱性，这是制定一切政策的出发点"[①]。1960年9月13—22日，中共内蒙古自治区党委在海拉尔召开全区第九次畜牧业工作会议，提出了"稳定、全面、高速度发展畜牧业"的生产方针和"增加数量和提高质量并举，大小畜并举"的具体方针，提出"牧区以牧为主，农牧结合"的方针[②]。到1961年8月，在全区第十次牧业工作会议上，修订了不同经济类型区的生产方针，确定牧区"以牧为主，结合畜牧业发展多种经济"[③]。

由于出台了上述既符合牧区实际，又适应当时生产力发展水平的相对稳定的政策设计，使祖祖辈辈受压迫的广大牧民生产积极性空前高涨，被束缚的劳动生产力获得解放，实现了这一阶段达茂旗草原畜牧业的快速发展。其间，虽然有"大跃进"、三年困难时期等特殊年份，但全旗牲畜头数仍实现快速增长，从1949年的19.54万头（只）迅速增加到了1965年的99.04万头（只），增长了4倍之多；牛羊肉收购量分别从1950年的500头、6071只增加到1966年的1000头和62500只，羊毛羊绒收购量分别从1950年的32.2万斤、3.8万斤增加到1966年的70.9万斤和5.2万斤。其中，一方面农牧区原有的生产关系被打破，生产力得到解放，农牧民第一次以主人姿态出现在畜牧业生产的第一线，而且广大牧区制定、实施了包括牧主经济在内的"以牧为主"的经济发展总方针，提出了"人畜两旺"的口号，在牧区制定实行了"自由放牧，增畜保畜"及保存牧主经济"不斗、不分、不划""牧工牧主两利"等政策，使得广大牧民生产积极性得到极大

---

① 内蒙古自治区政协文史资料委员会：《"三不两利"与"稳宽长"文献与史料》，内蒙古政协文史书店发行，2005年，第173—174页。
② 内蒙古自治区政协文史资料委员会：《"三不两利"与"稳宽长"文献与史料》，内蒙古政协文史书店发行，2005年，第470页。
③ 内蒙古自治区政协文史资料委员会：《"三不两利"与"稳宽长"文献与史料》，内蒙古政协文史书店发行，2005年，第471页。

的发挥；另一方面，全国各行各业迅速恢复生产，全国经济建设需要更多的畜产品（包括役耕畜）作为保障，以实现"超赶"计划。1953年6月15日中央人民政府政务院批转的民族事务委员会第三次（扩大）会议《关于内蒙古自治区及绥远、青海、新疆等地若干牧业区畜牧业生产的基本总结》中提到，目前全国的经济建设正在开展，牧业区的畜牧业生产是全国经济建设的一部分，因此今后牧业区的中心工作任务，就是要适应全国经济建设的需要，增加牲畜数量，提高牲畜质量，增加牲畜产品，发展畜牧业经济[①]。在全国大搞工业，要"赶上或超过英国"时，"畜牧业必须相应地跟上去，既要供应工业发展上所需要的畜产品原料，支援农业生产的畜力，适当地供应城乡人民的肉食；又要扩大畜产品的出口，换取外汇和国家建设所需要的各种物资，并支援兄弟国家"[②]。在此期间，内蒙古畜牧业发展给国家和自治区的工农业以及其他各项社会主义建设事业，提供了大量的役用畜和畜产品。

进入20世纪60年代中期至80年代初，由于受自然灾害和"文化大革命"影响，畜牧业发展受阻。"文化大革命"期间，全国经济建设陷入瘫痪状态，牧业生产也徘徊不前。其间也经历了1965年、1967年、1977年等重旱及白灾年份，致使大量牲畜死亡。1966—1978年达茂旗牲畜数量增速放缓，甚至出现山羊年均递减0.12%的情况，到1978年时全旗大小畜达到77.83万头（只），比1965年减少了22万头（只）。

二　改革开放至21世纪初的政策及影响

始于20世纪80年代初的"草场公有，承包经营，牲畜作价，户养户有"的草畜双承包责任制改革，实现了经济资源（牲畜和草场）的权限改革，让牧民真正成为牲畜的主人，权力和利益紧密联系，空前地调动了广

[①] 《中央人民政府政务院批转民族事务委员会第三次（扩大）会议关于内蒙古自治区及绥远、青海、新疆等地若干牧业区畜牧业生产的基本总结》，见内蒙古党委政策研究室、内蒙古自治区农业委员会编印《内蒙古畜牧业文献资料选编》（第一卷），呼和浩特，1987年，第7—27页。

[②] 《朱德副主席在全国畜牧业生产座谈会上指示全党重视畜牧业的发展》，见内蒙古党委政策研究室、内蒙古自治区农业委员会编印《内蒙古畜牧业文献资料选编》（第一卷），呼和浩特，1987年，第73—76页。

大牧民的生产积极性，又一次解放和促进了生产力的发展。同时，牧业生产决策从集体决策转变成单户牧民的决策，低成本、高回报的追求成了市场经济体制下理性经济人的经营目标。其中以牲畜头数征税的税费制度成为牧民和基层政府追求数量型畜牧业的诱发因素之一。一方面牧民养畜数量多，向国家缴纳的税金就多，就会得到政府的嘉奖，被评为先进、模范——是政府对多养牲畜的一种认可；相对于税收而言，牧民多养牲畜是有利可图的，牧民获得荣誉的同时，还得到了多养牲畜的大部分利益[①]。另一方面在以头数征税方式的情况下，实行财政包干、"分灶吃饭"的体制，财政收入按一定比例分成。在一些旗县超过包干任务的收入，40%归旗县财政，60%归苏木，甚至出现截留税款现象。而税收收入又是基层政府最主要的收入来源，与干部工资直接挂钩。因此，地方政府实际上默认和鼓励牧民多养牲畜，这对牧民和政府都有利可图。于是，数量型畜牧业成为牧业旗县发展的必然选择。同时，以牲畜头数征税、财政包干、"分灶吃饭"的制度安排也滋生了非牧户养畜问题，非牧养畜户只要缴纳牧业税，其养畜行为就被认可，甚至得到地方政府的庇护。

20世纪80年代中后期，我国经济体制开始由计划经济向市场经济转型。随着农村牧区经济体制改革的深入，国家首先放开了畜产品价格，放开了统购统销制度，全部实行议购、议销和多渠道经营制度。据国务院批转国家物价局的《关于价格改革出台情况及稳定物价措施的报告》，截至1985年5月20日，各地生猪收购价格均已放开，牛、羊、禽、蛋、水产品的价格也已放开。畜产品经营价格放开后，改变了价格长期偏低、严重违背市场需求的不足，畜产品价格逐渐恢复至市场价格水平，这也成为诱导牧民快速发展畜牧业生产的因素。然而，草畜双承包后，牧户都自主决策、单户经营，一方面由于缺乏资金和技术，无法进行牲畜改良工作；另一方面在市场竞争中市场驾驭能力不足，无法通过质量的提高来影响市场价格和市场需求量。因此，出现了跟随市场需求无限膨胀的数量型畜牧业。比如，前后持续十年的羊绒大战就是一个很好的例证。1980年以前每千克羊绒价格不足10元，到1985年涨到40—80元/千克，1987年羊绒（原绒）平均收购价涨到100元/千克左右，到了1988年甚至涨到300元/千

---

① 达林太：《征税方式对草原畜牧业的影响》，《内蒙古大学学报》2003年第1期。

克。到1991年羊绒价格出现下跌，每千克羊绒100—120元，而到了1995年羊绒价格重新提高到360元/千克，最高达到400—500元/千克[①]。但第二年开始羊绒价格很快又回落，出现大批牧民卖绒难和小型加工企业被迫关门现象。整个过程中牧民只是价格的被动接受者，价格涨牲畜头数就增加。但由于市场信息不对称和牧业生产周期长等原因，当价格快速下跌时牧民很难在短期内降低牲畜头数。

进入20世纪80年代后期，内蒙古牧区牲畜头数又迎来一次快速增长期。虽然这期间牲畜头数平均增速低于新中国成立初期，但由于庞大的基础数字，其年均增长量却远远超过以往。同时，市场对牲畜饲养结构和饲养规模的影响越发明显。比如，随着人们生活水平的提高和食品结构的多样化，羊肉消费从牧区向城市、从北方向全国、从牧民向所有群体普及，羊肉消费需求不断增长。有研究认为，国民所得收入增加1%的时候羊肉的需求量能增长1.43%[②]。为了满足不断扩张的市场需求，没有任何市场谈判能力、没有资金和技术的单个牧民只能通过增加牲畜头数的办法来供给更多的羊肉产品，达到增加收入的目的。从图3-1中可以清晰地看到，自20世纪80年代中期以来达茂旗小畜头数受市场需求影响明显，而后期受到草牧场生态退化影响则相对显著，其间20世纪90年代小畜头数一直占牲畜总量之96%以上。虽然这种养殖结构与当地草地类型有关，但不可否认市场需求对牲畜饲养结构的决定性作用。

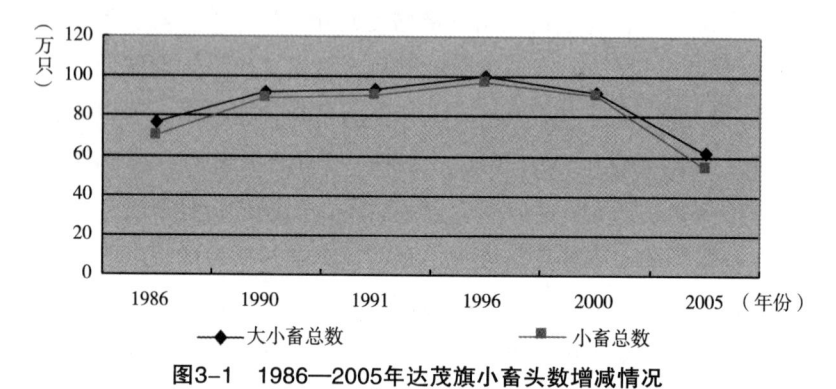

图3-1 1986—2005年达茂旗小畜头数增减情况

资料来源：根据各年内蒙古统计年鉴整理。

---

① 郭东生：《中国羊绒业的变迁》，《中国纺织经济》1999年第8期。
② 双喜：《市场经济下的内蒙古的过度放牧与草原沙漠化问题》，见额尔敦布和等主编《内蒙古草原荒漠化问题及其防治对策研究》，内蒙古大学出版社2002年版，第123页。

牧民增加家庭收入、提高生活水平的要求也促使草原区域牲畜头数快速增加。众所周知，牧户收入的很大部分来自牧业，而牧业收入主要来源于出售牲畜和绒毛。因此要通过经营畜牧业，提高牧民收入有两条途径：要么增加产品数量，要么在一定数量基础上提高产品质量。然而，无论是过去还是现在，牧民选择、发展数量型畜牧业却有一定的客观性。新中国成立到改革开放初期，牧区国有牧场积极进行牲畜改良，取得了一定成效，培育出很多适合当地条件的优良品种，努力走效益型畜牧业。但草畜双承包后，牲畜改良、疾病防疫等集体统一进行的生产活动变成了牧民个体行为。首先，受到资金和技术等约束，单个牧户没有能力进行改良品种、提高质量，甚至受短期经济利益的驱动不愿意进行品种改良，使改良工作基本进入倒退状态。其次，由于我国畜产品消费市场只停留在大众消费阶段，很难以市场价格的高低来体现产品质量本身，长时间内来自草原区域的畜产品和农区（城郊）的畜产品在市场上以同一价位出现，甚至草原绿色食品（牛、羊肉及奶食品）深受消费者青睐的今天，草原区域生产的畜产品也很难在价格上体现其真正价值。最后，数量众多的单个牧户之间不存在任何的联合行为，其提供的产品没有什么差异性。因此从供给的角度讲，作为生产和供给者的牧户之间几乎处于完全竞争状态；但由于牧区市场流通体制不健全，市场信息不畅通，使得本来是完全竞争的需求市场却因为小商小贩的联盟成为了垄断竞争市场，甚至寡头垄断市场。因此，供需双方在价格谈判中处在信息不对称状态，牧户几乎没有任何市场谈判能力，只是需求价格（而非市场平衡价格）的被动接受者。尤其21世纪初，由于草场生态严重恶化，达茂旗委、旗政府紧紧围绕"养牛种薯奔小康"的工作思路，在农牧区推广奶牛养殖和马铃薯种植，政府鼓励、要求、强制减少牲畜头数，要走集约化、舍饲畜牧业。牧民开始淘汰传统牲畜，贷款购买奶牛、小尾寒羊等所谓的高产引进品种，2003—2004年从澳大利亚、新西兰买回的奶牛每头1.5万—2万多元，到2006年奶牛存栏数达到4.5万头。由于农副产品和饲草料价格不断攀升，奶牛饲养成本不断提高。每头奶牛日饲养成本由2004年的13元左右提高到2007年年初的18元左右[1]。再加上，收购鲜奶的公司加大了检查力度，整罐整罐的鲜奶

---

[1] 崔海森、旭仁其木格：《对达茂旗乳业发展的思考》，《内蒙古统计》2016年第2期。

被倾倒，严重挫伤了牧民养奶牛的积极性。结果，草原区域畜产品市场本身不健全，再加之政府及有关部门不能提供相应的风险担保、引进品种短期内不适应当地环境等，很多牧民在走"集约化、舍饲畜牧业"过程中受到技术、产品、金融等市场风险的影响，导致生活水平大幅降低。

三 21世纪以来的政策及影响

为了遏制生态环境日益恶化的不良势头，改善当地居民的生产生活状况，建立祖国北方重要的生态屏障带，早在20世纪60年代，中国第一代治沙英雄宝日勒岱就在乌审召带领牧民治理沙漠、建设草原。20世纪90年代末，内蒙古把生态建设作为实施西部大开发战略的根本和切入点，提出了"把内蒙古建设成为祖国北方重要的生态防线"的宏伟目标。在国家的大力支持下，退耕还林、京津风沙源治理、退牧还草、天然林资源保护、三北防护林、水土保持、野生动植物保护及自然保护区建设、重点地区速生丰产用材林基地建设等八大重点生态建设工程在内蒙古自治区全面展开。这些国家重大生态建设工程在内蒙古的实施，全面提升了内蒙古生态保护与建设的水平。

在2002年颁布的《中华人民共和国草原法》中要求对严重退化、沙化、盐碱化、石漠化的草原和生态脆弱区的草原，实行禁牧、休牧制度。从此，禁牧、休牧有了法律依据。随后，国务院在《关于加强草原保护与建设的若干意见》中明确指出，要推行划区轮牧、休牧和禁牧制度，各地要积极引导，有计划、分步骤地组织实施划区轮牧、休牧和禁牧工作。内蒙古自治区阿拉善盟、锡林郭勒盟等地从地方实际出发先后制定出台了"转移发展""围封转移"等生态保护和建设政策，在草原禁牧、休牧、轮牧区，要逐步改变依赖天然草原放牧的生产方式，大力推行舍饲圈养，积极建设人工草地和饲草饲料基地，国家对实行舍饲圈养给予粮食和资金补助等。

从2007年开始，达茂旗作为包头市"围封禁牧"的重点地区，积极贯彻执行包头市《关于"围封禁牧"加强生态建设的决定》，全面实施"围封、禁牧，舍饲圈养，保护生态"工程。达茂旗率先于2007年10月开始对农区实行常年全面禁牧；从2008年1月1日开始，对牧区2357万亩草场实行为期10年的全面禁牧，6620户、2万牧民在3年内妥善转移安置[①]。

"围封禁牧"对草原畜牧业生产经营方式带来了变化。禁牧政策实施后，改变了牧民靠天养殖、自然放牧的生产方式，从事舍饲育肥、"奶牛养殖"或其他工作。禁牧后，牧民被集中安置到23个移民园区和8个大型饲草料基地。仅2008—2009年，达茂旗已转移就业6224人，占需转移就业总人数的45%，其中：在移民园区和饲草料基地从事第一产业的3301人，在旗内外从事二、三产业的2923人。此外，新建了16个标准化奶牛养殖小区，养殖优质奶牛1万多头，而马、鹿、肉驴等特色养殖业也在逐步兴起。而这种改变，虽然某种程度上降低了畜牧业经营风险，但经营成本则持续攀高。其中固定资产的投入极大地增加了生产成本。禁牧前，牲畜基本放养，农户拥有的草场围栏、棚圈、青贮窖、水井等牧业设施很少；禁牧后，农牧民需要购买大量养殖机械，建设围栏、畜棚等设施，畜牧业成本明显增加。另外是舍饲圈养所需的饲草料费用的增加。禁牧舍饲后，羊基本上当年出栏，牧户自产饲料粮不能维持，所需饲料粮若全部依靠外购，加上饲养时的其他花费（防疫、劳力等），其最终成本在180元/只左右。而山羊产品（绒和羊羔）的价值也就在150—250元/只，在这样的饲养方式下，农牧户畜牧养殖利润极薄[②]。

"围封禁牧"转变了牧民传统思想观念和生产、生活方式。传统的草原畜牧业适应了不平衡的草原生态系统，并形成了与之相适应的游牧经济。游牧经济是一种生产方式和生活方式的集合，是生活在不平衡生态系统中的游牧民族通过长期的生产生活实践积累下来的经验总结和升华，它适用草原生产力时空变异性，并使不同类型的草场得以休养生息。新中国成立以来，由定居游牧、定居定牧，再到草畜双承包，原有的游牧经济系统基本瓦解，牧民通过千百年的实践经验积累下来的适应非平衡草原生态系统的游牧生产生活方式被新的方式所取代。而达茂旗所采取的"围封禁牧"政策无疑是促使这种变迁的一项制度安排。简言之，达茂旗所实行的全面"禁牧"政策，促使牧民生产、生活方式由原来的定居游牧转变成小

[①] 安广峰：《达茂旗"围封禁牧"政策执行效果评价》，硕士学位论文，内蒙古师范大学，2011年。

[②] 安广峰：《达茂旗"围封禁牧"政策执行效果评价》，硕士学位论文，内蒙古师范大学，2011年。

规模的"偷牧""夜牧""移牧"以及"舍饲圈养"等新的方式[①]。全面"禁牧"政策实施后，达茂旗许多牧民都出售了大量的牲畜，牧民经济基础和主要生活来源已不是传统畜牧业经济，而改为小型的舍饲圈养。据2012年达茂旗农牧业局所做的禁牧相关调查问卷，97%的受访者拥护禁牧政策，83.8%的受访者认为禁牧有利于草场恢复，也能接受生产、生活方式的改变。这说明牧民从思想观念和生产、生活方式上已经接受全面禁牧政策，也接受定居和舍饲围养。

第二节 人口迁移的影响

一 清代以来移民开垦的影响

长期以来，达茂旗以畜牧业为主，放牧是对地表生态的自然利用，破坏性较小，再加上牧地宽广，回转余地大，避免了对草地的过度利用，草原有休养生息的时间，从而有利于较长时期内维持脆弱的生态平衡。但这种平衡却被一次次的大规模垦荒所打破，而每次开垦都伴随着大量的移民。达茂旗历史上曾经历了三次大规模的移民开垦，分别出现在清末、民国前期的集中放垦和新中国成立后的开垦。

（一）清末蒙地的放垦与移民

1901年清政府在内外交困之下开始了其改革的进程，推出了"清末新政"。光绪二十八年（1902年）初，清政府一方面为了缓减财政危机，开辟新的财源，另一方面想借开垦移民戍边，外以巩固边防，抵御沙俄南侵；内以消除隐患，为中原大地万千饥民寻找出路，废止了实施250余年的关于限制汉民移居内蒙古的"边禁"政策，开始全面大规模派官设垦务机构放垦蒙荒。清政府政策的转变敞开了内地人口大量涌入草原地区的门户。光绪三十三年（1907年）设立了乌盟垦务分局，专门办理达尔罕贝勒旗、茂明安旗和四子王旗的垦务事宜。在此之前，达茂旗的宜农土地已大

---

① 铁柱、韩咏梅：《关于全面禁牧以来牧民传统放牧方式变化的研究》，《内蒙古师范大学学报》（哲学社会科学版）2014年第4期。

致开垦完毕，清政府为收取押荒银，不顾自然条件，大片不宜于发展农业的草原被开垦为农田，许多土地开垦后，由于缺水、产量低下，几年之后便形成了沙碛。再加上官府的横征暴敛使农民的负担日益沉重，不少农民因此弃地而逃，使垦地荒芜。由于滥垦，破坏了生态条件，促使土地、牧场沙漠化的扩大和发展。放垦极大地破坏了草原地区传统畜牧业生产，随着大量牧场被垦占，牧场大大缩小，单位面积的载畜量迅速上升，增加了当地脆弱的草原资源的压力，过度放牧引起草原退化。而且移民垦占的往往是优良的牧场，留下的狭窄牧场，多为不毛之地，牧民被迫赶着牲畜，前往丘陵、荒漠、碱滩等贫瘠的地区，生活贫困，传统畜牧业受到严重排挤和打击，迫使一些牧民不得不放弃以牧为主的经营方式，由经营畜牧业变成经营农业或农牧兼营，由游牧逐渐变为定居。

（二）民国时期的放垦与移民

民国之初，北洋政府沿袭了清朝的"蒙地汉化"政策，承续清末的放垦制度，变本加厉地推行掠夺性的开垦政策，并为此制定了许多奖励开垦的政策。1920年前后，由内地来的移民越来越多，有来自山西、河北、山东等省的移民。在以后的十几年里，对土地的开垦是掠夺性的。虽然挑选水草丰美的牧场进行开垦，但是由于很多地区不适宜垦种，土层薄，土壤养分含量极低，同时降水量又不能满足农业生产的要求，土地很快退化，一旦某块土地的肥力耗尽，移民就弃之而去，另开新地，产生这种现象的原因是十分复杂的，如地域的辽阔、政府对这一地区控制的松弛、土地所有权的不明确等。后由于天灾人祸的影响，垦民逃离者甚多，许多垦地荒废。而这种土地由于没有防护林的保护，大风肆意地刮走表土层，留下的便是由大小石子组成的不毛之地。农业是对地表生态的改造式利用，在种植过程中要改变原来的地表结构，由于盲目开垦，几乎是"一年开草场，二年打点粮，三年变沙梁"，不可避免地形成"农业吃掉牧业、沙子吃掉农业"的恶性循环，严重破坏了当地的畜牧业经济，畜牧业受到排挤，导致农牧矛盾更加突出。由于长期的、持续不断的经济活动，超出了生态系统本身的调节能力，使生态平衡遭到严重破坏。

（三）新中国成立后的开垦与人口迁移

新中国成立后到20世纪70年代中期，国家经历了三年困难时期和"文化大革命"，受国家大政方针的影响，达茂旗又经历了一次开垦高潮。这一阶段是达茂旗人口较快增长的时期，而且也是迁入人口较多的时期，1949—1976年达茂旗总人口由21044人增加到96885人，净增人口为75841人，增长了3.6倍，平均每年增加人口2709人，年均增长速度达12.9%。其主要原因，一是1949年以后社会稳定、卫生条件好转，人口迎来了第一个生育高峰期；二是外省市人口大量流入，尤其是在牧区"以粮为纲"的政策大背景下，提倡所谓的"牧民不吃亏心粮"的口号，强调大办农业，开垦草原种地，大办农业和副食基地，农垦部门组建农场、牧场，从外地招进农民耕种，引进能耕善种者，牧区地方争相为解决牲畜缺草问题，也在招募流动人口兴办饲料基地，还有一部分流动人口进入牧区自谋职业，造成了牧区迁入人口的急剧增长。其间，土壤的腐殖质层较薄，种植粮食的产出效益低，开垦后为草原沙化埋下了隐患。牧区、半农半牧区大部分居民以野生植物作为燃料，过度砍伐樵柴也加剧了草原地区的荒漠化。据测算，一户五口之家的年需烧柴量相当于40亩固定、半固定沙地上的全部油蒿，烧柴每年要破坏40亩天然植被[①]。当时盲目开垦草原，人口激增，大面积无序开荒导致了草原的锐减和沙漠化，对畜牧业发展的负面影响极大。

二 有组织的遣返外来人口的影响

1957—1962年达茂旗人口从41423人增加到64924人，净增人口为23501人，平均每年增加人口3917人，这一时期达茂旗的人口增加主要以迁移引起的机械变动为主。20世纪50年代中后期，达茂旗在"以粮为纲"的大背景下，响应国家号召种粮以全面解决粮食、饲料的自给自足，开始在牧区、半农半牧区开垦草原，大力发展农业增加粮食产出，同时大办农业和副食基地。由于牧民长期从事畜牧业不善耕种，1956年国家有计划地组织大批内地农民移民到边远省区进行垦荒，即从外地引进农民耕种，促进农耕技术和文化的传播和交流，加快牧区农业的发展，增加粮食供应来

---

① 达丽：《内蒙古草原生态系统的可持续发展》，高等教育出版社2001年版，第22—27页。

应对粮食紧缺。内蒙古是当时的一个主要遣移移民开垦地区,移民被安排进入呼伦贝尔、锡林郭勒、巴彦淖尔、乌兰察布等盟进行垦荒[①],达茂旗也包含在其中。进入该旗的一部分人建立了移民村从事农业,还有一部分人成为牧民的帮工从事牧业生产。在粮食紧缺形势下,国家农垦部门又抽调大量人力、物力进入牧区开荒办农业,进行组织和技术指导工作。值得一提的是,国家出于种种考虑,一部分外来人口于1957年被有计划、有组织地返回了原籍。

1960—1962年,国家正处于国民经济"三年困难"时期,农区人多地少,人地矛盾突出,再加上自然灾害频发,导致粮食歉收,粮食供应短缺。为了解决温饱,邻近省区相当一部分自流人口进入达茂旗自谋职业,从事农业或牧业生产,造成了牧区迁入人口的急剧增长。这一时期达茂旗人口没有出现大的起伏,主要是因为1962年政府有组织地遣返了部分人口。其中,重点是对因逃荒而进入牧区的人口的遣返[②]。总体上来看,1957—1962年,达茂旗人口增加平稳,迁入和迁出二者相互抵消,使这一阶段该旗人口显示出起伏不大的态势。

这两次有组织的遣返外来人口的共同点都是人口从内地向达茂旗迁移,从事农业活动,随着对草原的开垦,草地面积缩减,畜牧业受到挤占,阻碍了畜牧业经济的发展。而这部分人口被有组织地遣返后,在一定程度上缓减了人口机械增加给草原带来的巨大压力。但很多被开垦的草原又被弃耕撂荒,沙漠化也随之而来,生态环境遭到了严重的破坏。

三 生产建设兵团、知青下乡产生的人口迁移影响

1965—1980年这一时期是达茂旗人口变动比较频繁的时期,同时也是人口增加的一个高峰期。1965年到1980年这15年间,达茂旗人口从70175人增加到1980年的102340人,人口增加了32165人,平均每年增加2144人。此期间人口数量增加有很大一部分是由于生产建设兵团和知青下乡引起的。

---

① 包红霞、恩和:《内蒙古牧区人口变动研究》,《内蒙古大学学报》(哲学社会科学版)2009年第4期。

② 孙学历:《内蒙古牧区人口迁移流动分析》,《北方经济》2006年第2期。

（一）生产建设兵团下乡产生的人口迁移影响

20世纪60年代末，中央决定在内蒙古筹建北京军区内蒙古生产建设兵团。据统计，1969—1975年共安置78793人，主要分布在一些归生产建设兵团所属的工厂、农牧场。据有关统计，20世纪80年代初，仅部队系统在内蒙古地区就有3大军区、6个省军区、4个兵种的229个单位在11个盟63个旗县建了446个生产单位，占用草原面积890万亩，其中开垦135万亩[①]。尽管没有达茂旗关于部队和生产建设兵团开垦草原的官方数据，但据调查，部队和生产建设兵团对草原的开垦、占用的影响也是很大的。部队、生产建设兵团任意到牧区开垦草原和占用牧场，有许多名为军马场，实为农场和副食品基地，因大量开垦草原，严重破坏了植被，造成水土流失，生态失衡，引起了大面积的沙化。

（二）知青下乡产生的人口迁移影响

20世纪50年代初，新中国百废待兴，特别是旧社会遗留下来的庞大的城镇剩余劳动力，急需得到安置，而社会主义工商业处于改造、起步阶段，城镇知识青年的安置，主要靠国家企事业单位，这只能解决很少的一部分人，城镇没有足够的就业岗位来安置失业人员。为了解决就业问题，1956年1月，中共中央政治局在《1956年到1967年全国农业发展纲要（草案）》中写到"城市中、小学毕业的青年，除了能够在城市升学就业以外，应当积极响应国家的号召，下乡上山去参加农业生产，参加社会主义农村建设的伟大事业"。在这种背景下，全国掀起了知识青年上山下乡运动。这是20世纪以来最大的一次人口迁徙运动，50年代到70年代末上山下乡的知识青年的总数约在1200万至1800万之间，至今也统计不出一个详尽的数字。1968—1979年，有30多万城镇知识青年迁往内蒙古农村牧区插队落户。1968年8月起，北京、天津、呼和浩特、包头、集宁等城市的知识青年到达茂旗插队落户。1973年8月，知识青年上山下乡领导小组在该旗成立，并下设知青办。在这个特殊历史时期，由于特殊原因导致的人口迁移造成达茂旗大量人口的机械增长。牧区人口的增加使草原牧区生态环境压力加重，必然要从草原吸取更多的资源才能维持生活。他们在

---

① 孙学历：《内蒙古牧区人口迁移流动分析》，《北方经济》2006年第2期。

草原上开荒种田，致使许多水草丰美的草原遭到破坏和掠夺，耕地面积不断增加。1965年达茂旗实有耕地面积为1296853亩，到1980年时已经增长到了1356261亩，增长了59408亩。草原面积由于开垦不断被吞噬，草原产草量不断下降。

1980年，国务院知青办提出《关于当前知识青年上山下乡工作的几点意见》，明确宣布"能够做到不下乡的，可以不下"，也就是说不再动员城镇知识青年上山下乡，这是在全国范围内宣告上山下乡即将终止的一个信号。1980年5月8日，当时中国共产党中央委员会总书记胡耀邦提出不再搞上山下乡。10月1日中共中央基本上决定过去下乡的知识青年可以返回故乡城市。1981年年底，国务院知青办并入国家劳动总局，各省、市、自治区也仿照执行。至此，历经20余年影响广泛的城镇知识青年上山下乡宣告结束，"知识青年"遂成为历史名词，国家上山下乡政策变更之后，大量知识青年陆续返城就业，形成了巨大的移民返城潮。尤其1971年以后，区外知识青年由于升学、选调、参军、招工、病退、提干等原因大部分迁往外省区或返回原籍，再加上1977年高考恢复，大多数在农村牧区的知识青年想方设法回到故乡去。这也在一定程度上缓减了人口机械增加给草原带来的巨大压力。

四　矿产资源开发产生的人口迁移的影响

达茂旗地下矿产资源十分丰富，是内蒙古自治区边境地区的资源大旗。经地质勘探，已探明的金属、非金属矿藏达32种，矿床、矿点和矿化点达130余处，矿产资源种类多、分布广、储量大，开发前景广阔，主要有煤、金、铜、镍、铁、铬、锰、银、萤石、石灰石、石英石、石墨、珍珠岩、石膏、芒硝、长石等，其中开采规模比较大的有铁、稀土、金、萤石、铜，现已形成以采矿业为主的工业体系。金矿探明储量为11519.13千克，其中砂金储量233.8千克，主要分布在西营盘乡和腮忽洞乡，脉金储量为11285.33千克，中型矿床1处，小型矿床2处，矿点4处，矿化点14处。1974年当地群众在连山敖包沟谷地段发现砂金富集，自此，该地区出现了群众性的采金热潮，随之在经济利益的驱使下，大量人口涌入达茂旗进行采金，开始出现了移民"淘金"热潮，而且愈演愈烈，群采范围逐步扩展，到1987年已延伸至东段宝力图一带。群众的采挖比较随意盲目，而且人数众多，对草原的破坏也比较大。除了群众采金以外，国营、集体的黄金开采始于1976年，大致可分为两个阶段：1976—1981年的单纯性砂金生产阶段，这一阶段主要开采矿点是西营盘五福堂金矿和腮忽洞连山敖包金矿。从1982年起，随着巴音敖包脉金矿的发现，开始了砂金与脉金同时开采，并以脉金为主的阶段。1976年产金仅为211.75两，随着开采队伍和规模的不断扩大，1986年黄金产量就已经达到了10134.7两，跨入了全国黄金生产万两旗（县）的行列。1987年达茂旗的赛乌素金矿产金达10500.54两，成为自治区西部地区的第一个万两金矿，跨入了全国二十几个产金万两矿的先进行列。1990年产金12500两，实现利润突破1000万元大关。到2000年，累计采选矿石100.6万吨，产金15.69万两，金矿开采一度成为达茂旗的经济支柱。铁矿是达茂旗最大的资源，探明储量10.5亿吨，主要分布在巴音朱日和苏木、都荣敖包苏木、新宝力格苏木、石宝镇、西河乡等地。其中大型工业矿床1处，中型矿床2处，小型矿床5处；矿点14处，矿化点11处。1958年建立了旗合作铁矿，当年产铁矿石仅为200吨，之后采矿规模不断扩大。截至2005年年底，全旗共有铁精粉生产企业21户，当年生产铁精粉302万吨，全旗已形成500万吨生产规模，已成为内蒙古自治区铁精粉生产"第一旗"，铁精粉企业的税收收入占全旗财政的60%以上，钢铁产业成为全旗重要的支柱产业。达茂旗的轻稀土誉满中外，不仅储量大，而且品位高，故称"稀土之乡"，储量占全世界的87%，占全国的93%，大部分在白云鄂博主东矿和西矿、波罗头一带。1988年，投资建设了新宝力格稀土选矿厂，当年生产稀土精矿粉1.1万吨，1996年，投资260万元兴建了碳酸稀土冶炼厂；2000年，达到年产1000吨的生产规模；2005年达到年产稀土精矿粉2万吨，年产碳酸稀土1.9万吨，年产稀土氧化物8000吨的生产规模。旗境内有一条以百灵庙镇为中心，南北宽约20千米，东西长约120千米的萤石矿成矿带，有国家、集体、乡镇的萤石采矿点20多处。1961年旗地方国营102矿建立投产，当时是露天开采，地表植被的破坏比较大，一般破坏范围是开采面积的3倍以上。1964年转入地下开采。主要是沿简易公路汽车拉运，沿途植被、环境污染严重。20世纪70年代后，逐渐出现了许多乡镇、个体萤石采矿点，规模小，开采设备简陋，技术落后，破坏资源，污染环境。

1958年全旗仅有12个采矿点，均由人民公社组织社员开采，年产量不足5000吨。到20世纪80年代后期，以开采黄金、铁矿、稀土资源为主的采矿业逐步发展成为达茂旗的两大支柱产业之一。当时，较大的工业企业有30个，其中冶金矿山企业10个，占1/3。在达茂旗丰富矿产资源的吸引下，大量流动人口涌入，造成人口过度集聚，给缺水的草原造成人口压力。丰富的矿产资源的开采，既有国营单位、集体采矿队、私营企业，也有大量的群众对其进行私采滥挖，掠夺式的矿产资源开采，使草原生态遭到了严重破坏。由于开矿、筑路，地表植被被剥离、碾压、掩埋，对当地脆弱的生态环境雪上加霜，草原沙漠化、荒漠化日益加剧。地表裸露、优质牧草锐减，部分地段几乎丧失了生产能力，致使草原沙尘暴、草原鼠害等自然灾害频繁发生。进入草原的外来人口很多在统计上不被计入人口增加之列，因此，使得这些人口的增减变迁未被视为牧区人口的增加，但其背后的矿产开发对草原环境变迁的影响是巨大而且难以估量的。

五　生态移民、教育移民产生的人口流动的影响

（一）生态移民对草原畜牧业和生态环境的影响

　　20世纪60年代达茂旗草原还是优良牧场。然而随着人畜激增，加之干旱少雨，草原生态遭受严重破坏，到2007年年底，全旗天然草原退化、沙化、盐渍化面积高达85%，绝大部分草场已不具备载畜能力。草原生态系统的退化严重削弱了达茂旗经济发展的自然基础，也进一步恶化了当地居民的生存条件，人、草、畜矛盾日益突出，迫切需要调整人口和经济布局。2002年以来，达茂旗在水资源富集区开发灌溉农田和饲草料地8.8万亩，将农牧区沙化退化严重、发展条件比较差地区的农牧民迁入35个生态农牧业产业园区，推行"公司+基地+农户"的生产经营模式。转移不仅使农牧民生产生活条件得到前所未有的改善，同时也为构筑祖国北疆绿色生态屏障迈出关键一步。2007年包头市全面实施了禁牧转移保护北部草原的生态工程。从2008年起，达茂旗对牧区2357万亩草场实行了为期10年的全面禁牧，减少牲畜，转移牧民。2008年1月至6月，达茂旗把牧区原有的112万只羊出栏102万只，留下10万只基础母羊放到移民园区舍饲圈养。对6620户近2万牧民在3年内进行转移安置。其中把1/3牧民安置在

养畜条件较好的23个移民园区和8个饲草料基地，从事牲畜的舍饲圈养、高效精养；2/3的牧民转移到城镇从事二、三产业。2013年达茂旗进一步开始实施生态脆弱区移民扶贫搬迁工程，工程共涉及达茂旗8个苏木乡镇、26个行政村、41个自然村。截至2014年年底，该工程已完成705户2065人的生态移民搬迁任务，共计建设10个移民新村，搬迁2065名农牧民，占包头市转移安置人口的51.6%。经过移民工程实施，达茂旗共计整理复垦耕地5150.5亩，牧区完成草原植被恢复67.5万亩，使迁出地及周边生态得到良好修复和保护。实施禁牧政策以来，政府已累计投入各项禁牧补贴4.2亿元，其中，自治区累计支持3500万元，包头市每年列入财政预算支出5000万元共投入1亿元，达茂旗共投入2.85亿元。生态脆弱区移民扶贫搬迁工程总投资1.3691亿元，转移安置农牧民的标准为每人1.5万元，自治区配套生态移民扶贫资金3097.5万元，占包头市项目资金的51.6%。作为内蒙古自治区唯一实施全面禁牧的旗县，达茂旗出台各项保障措施，全面实施草场、养老、住房、教育、医疗、低保等一系列补贴政策，有效推进了牧民转移安置工作。

（二）教育移民对草原畜牧业和生态环境的影响

2005—2008年内蒙古为了优化教学环境、提高教育质量、集中教育资源，对农牧区教育资源进行了大规模的整合，取消和撤并了农牧区的中小学，把中小学集中到旗（县）所在地和镇（乡、苏木）所在地。这使农牧区的中小学生就必须到市里、旗（县）所在地或镇（乡、苏木）所在地学校就读。随着距离的增加，走读不再可能，为了学习方便，需要到就读城镇租住房屋或在学校寄宿。由于孩子年龄偏小，自理能力不强，为了给孩子提供良好的学习环境和照顾孩子的饮食起居，很多农牧民父母以陪读的方式随着孩子就学转移到城镇，这种转移被叫作"教育移民"。在广大农村牧区"教育移民"的现象非常普遍，形成了一个庞大的群体，由于强大的流动性和不确定性，使得对"教育移民"难以进行准确的数据统计，但其产生的影响却值得一提。有一部分农牧民随着子女的就读逐渐留在了城镇，在城镇实现了就业，脱离了农牧区；有一部分农牧民只是暂时离开农牧区，孩子放假或毕业就会返回原来的农牧区生活。但不管是哪一种，都造成了农牧区劳动力的减少，影响农牧区畜牧业和经济发展的活力，同时也使得农牧区有限资源流向了城镇。因此,为了实现牧区经济社会和草原生态环境的协调发展,我们有必要对现有的发展思路和生产方式进行战略性调整,处理好经济发展与草原生态保护之间的关系,转变生产经营方式,走可持续发展之路。

第三节 草原生态环境变化的影响

一 草原植被的变化及影响

(一)近30年来(1982—2010年)天然草原植被的变化

据1982年全国草原资源普查数据,达茂旗全旗天然草场面积为2486万亩,占总土地面积的91.18%,其中,可利用草场面积2262万亩,占草场总面积的91%。据2010年草原普查,天然草场面积为2474万亩,占全旗土地总面积的90.7%,可利用草场面积为2229.77万亩,占草场总面积的90.1%,草场资源丰富,牧草生产力较高。

然而由于干旱、过牧、垦荒等自然和人为因素,达茂旗草牧场沙化、退化十分严重,形成了以土地荒漠化为特征的环境恶化现象。

根据达茂旗草原普查数据(见表3-1和图3-2、图3-3),1975—2010年这30多年间大多数年份都以轻度退化为主,但1975—1996年轻度退化面积所占比例逐渐下降,而中度退化和重度退化所占比重呈上升趋势。可以看出,20世纪90年代中期草原退化现象是比较严重的。1996—2010年中度退化和重度退化所占比例又呈下降趋势。从表3-1可看出,1975年达茂旗退化草地62.2081万公顷,占草地总面积的39.4%,2000年达茂旗退化草地124.4768万公顷,占草地总面积的77.0%,26年间退化面积所占比例增加了37.6个百分点,2010年退化面积比2000年略有下降,为118.6670万公顷,退化面积占草地总面积的71.9%,但也要比1975年高32.5个百分点。值得庆幸的是,最近几年全旗草原退化趋势略有缓和,这是由于2008年以来达茂旗开始实施禁牧休牧政策,加大了草原的保护和建设力度,使原本退化不断加剧的天然草原得到了休养生息,退化趋势有所缓和,严重退化的草原面积和比例大幅下降。

表3-1　　　　　　　　　达茂旗退化草场面积统计　　　　　　单位：公顷，%

年度	轻度退化 面积	轻度退化 比例	中度退化 面积	中度退化 比例	重度退化 面积	重度退化 比例	合计 面积	合计 比例
1975	435772	70.1	124732	20.0	61577	9.9	622081	39.4
1982	391693	60.8	202268	31.4	50317	7.8	644278	42.3
1986	305146	44.4	218612	31.8	163959	23.8	687717	45.3
1996	325398	32.3	381245	37.8	301425	29.9	1008068	73.7
2000	799429	64.2	403515	32.4	41824	3.4	1244768	77.0
2010	867614	73.1	302127	25.5	16929	1.4	1186670	71.9

资料来源：达茂旗草原监督管理局。

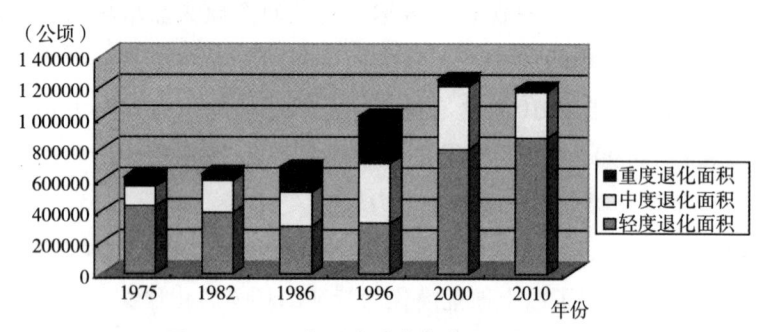

图3-2　1975年以来达茂旗草原退化面积图

资料来源：达茂旗草原监督管理局。

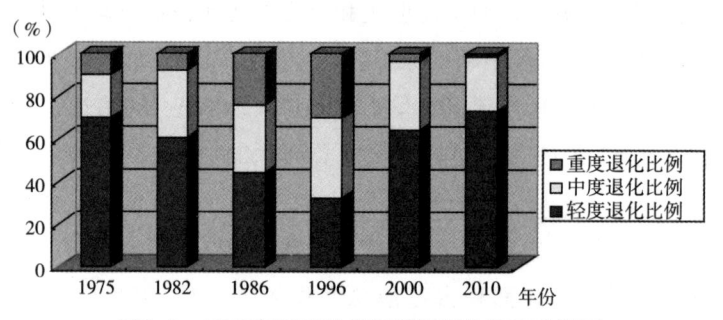

图3-3　1975年以来达茂旗草原退化程度比例图

资料来源：达茂旗草原监督管理局。

草地退化是草场在持续利用条件下在时间延续中的一种逆向演替。一般而言，退化草地使草群的种类成发生了变化，原来的一些建群草种和优势草种逐渐衰退，甚至消失，继而出现了一、二年生植物及有毒有害杂草类；草群中优良牧草生长发育减弱，可食性牧草量降低；草原生态环境恶化，草场出现旱化、沙化、盐碱化现象；草原鼠虫灾害增加，导致牧草的生长发育环境恶化。

1.生产力下降。草原退化使植物群落小型化，抵御风蚀的能力减弱，地表细土全被吹走，土壤养分贫瘠化，土壤性状恶化，植被根系裸露，草原植物群落结构、组成发生很大变化，草地生产能力锐减。30多年来达茂旗草原产草量大约下降了40%—60%。

2.草地系统的承载力下降。草群中建群植物和优良牧草减少，甚至消失，而一些抗逆性强的杂类草和一年生植物，以及适口性差的植物、有毒植物增多，草群高度与覆盖度明显降低，集中反映在地上生物量减少，植株低矮、稀疏。由于优良牧草锐减，天然草场的承载能力和家畜个体生产性能明显下降。

3.自然灾害日趋频繁。草原退化，生态平衡遭到破坏，进而加剧了自然灾害的发生。特别是旱灾出现的概率增大，而且持续时间延长，干旱气候更加干旱。草原荒漠化速度加快，沙尘暴次数增多。2001年达茂旗牧区自然灾害受灾面积达到1.6万平方千米，受灾牲畜9.1万头（只），死亡率为6.9%。由于生态环境发生变化，导致生态系统的食物链缩短，食物网趋于简单化。草原上害鼠、害虫的天敌，如鹰、雕、蛇都急剧减少，害鼠、害虫大量繁衍，泛滥成灾。

4.水生态环境恶化。草场退化，加之连年干旱，导致水生态环境日趋恶化，水土流失更为严重。达茂旗自20世纪80年代以来地表径流锐减，多数河流断流，地下水位普遍下降，有120多口草原供水井干涸。

(二) 全面禁牧以来天然草原植被的变化

1.草原生态保护补助奖励政策实施前后植被的变化

达茂旗从2008年开始实施全面围封禁牧，特别是2010年中央实施草原生态保护补助奖励政策以来，随着禁牧年限的延长，天然草原得到了休养生息，草原生态条件发生了明显改善。草原生态保护补助奖励政策实施前5年平均草群高度为11.3厘米，实施后为22.9厘米，增加了11.6厘米，高度增加了102.7%，草场密度增加了5.7%。政策实施前后的草原植被盖度增加了3.1%，比之前增加了11.9%，平均每亩产干草重量也比之前增加了1.4千克，植被状况趋于好转（见表3-2）。

表3-2　　　　补奖机制实施前后达茂旗天然草原植被状况对比

年度	高度（厘米）	盖度（%）	种数（种/平方米）	产量（干重.千克/亩）
实施补奖机制前5年平均值	11.3	22.9	8	47.2
实施补奖机制后4年平均值	22.9	26.0	8	48.6
实施补奖机制前后对比	11.6	3.1	—	1.4
相对变化率（%）	50.7	11.9	—	2.9

资料来源：达茂旗2014年草原监测报告。

2. 近5年天然草原植被的长势情况

2010—2014年5年的平均草群高度为20.94厘米，从图3—4中可以看出，2010年的草群高度为5年中最低，2012年最高为26.5厘米，2011年和2012年草群高度相近，2013年和2014年的草群高度相近，但比2011年和2012年要低约4—5厘米。从整体上看，2011—2014年4年的高度差距相对较小，而2010年为比较特殊年份。

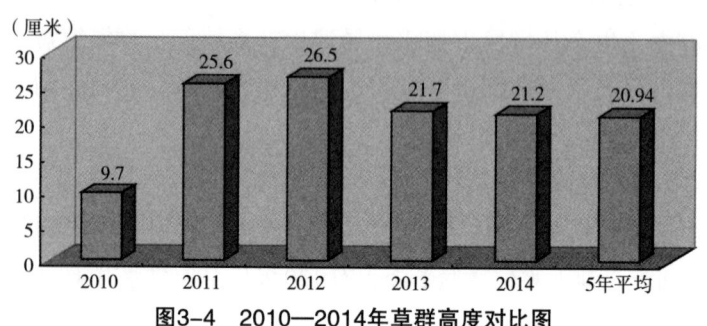

图3-4　2010—2014年草群高度对比图
资料来源：达茂旗草原监督管理局。

2010—2014年的平均植被盖度为24.26%，5年中仍然是2010年的植被盖度最低，为18.8%，2012年的最高，为27%，植被高度和盖度的变化规律基本相同（见图3-5）。总之，这5年达茂旗的天然草原植被平均长势情况较好，说明达茂旗近年来实施的草原保护和建设的政策和工程成效比较显著。

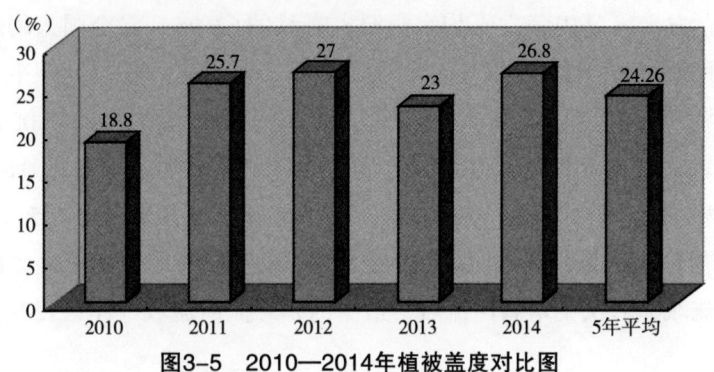

图3-5　2010—2014年植被盖度对比图

资料来源：达茂旗草原监督管理局。

二　水资源的变化及影响

牧草的生长和草原畜牧业的发展深受当地水资源的影响，分析达茂旗水资源的条件、利用及变化，有利于更好地了解草原畜牧业的现状和变迁。

（一）达茂旗水资源条件

1. 降水量

达茂旗地处内陆，属于干旱大陆性气候，降水量少，且蒸发量大，"十年九旱，年年春旱"。空中水气主要来源于北部贝加尔湖地区和西南暖湿气流。据统计，达茂旗历年平均降水量为256.2毫米，但降水年际变化大，降水量最多的年份是2003年，为425.2毫米，降水量最少的年份是2005年，为166.8毫米，相差258.4毫米。全旗降水在时间分配上不均匀，降水主要集中在6—9月份，占全年总降水量的79%；在空间分配上也有差异，降水由南向北呈递减趋势。

降水对河流的补给量较小，旗域多年平均降水量36.7亿立方米，多年平均陆地蒸发量34.04亿立方米，剩余2.66亿立方米入渗或形成径流。降雨对地下水补给量更小，尤其是冬季气候寒冷，降雪融化时间较长且冻土存在，寒风大，融雪对地下水补给很少。

2. 水资源总量

达茂旗水资源多年平均总储量13199.04万立方米，其中可利用水资源总量为9259.42万立方米，占水资源总量的70.15%。人均水资源占有量

1360.7立方米，是内蒙古人均水资源占有量的63.4%，是全国人均水资源占有量的68.1%，属于水资源相对缺乏地区。按草场和耕地面积平均，每公顷水资源占有量只有78.7立方米。全旗地表水资源量为3245.08万立方米，地表水资源可利用量为1784.79万立方米，占地表水资源总量的55%。地下水资源量为11244.53万立方米，地下水资源可开采量为7554.26万立方米，占地下水资源总量的67.18%。各流域水资源可利用量最多的是艾不盖河流域，其次是塔布河流域，最少的是外流河流域（详见表3-3）。

表3-3　　　　　　　达茂旗水资源按流域分区多年平均量　　　（单位：万立方米）

分区	地表水 总量	地表水 可利用量	地下水 总量	地下水 可开采量	水资源总量 总量	水资源总量 可利用量
艾不盖河	1561.58	858.87	6699.95	4724.47	7769.76	5514.17
开令河	257.42	141.58	2119.39	978.33	2099.70	1119.91
塔布河	1335.37	734.45	2229.45	1756.18	3073.51	2490.63
哈尼河	90.71	49.89	142.87	74.13	203.20	113.56
外流河	—	—	52.87	21.15	52.87	21.15
合计	3245.08	1784.79	11244.53	7554.26	13199.04	9259.42

资料来源：《内蒙古达茂联合旗水资源评价》，水利部牧区水利研究所。

3. 地表水资源

受地形、季风气候影响，达茂旗地表水资源贫乏，地表径流量小。全旗地表水资源总量为3245.08万立方米，主要由大气降水补给。由于受降水条件的影响，河流以时令性径流为主，每年7—8月份有径流产生。且地表径流空间分布不均匀，年际变化大，地表水资源利用难度较大。全旗有6个水系，达茂旗流域面积为11033.2平方千米。大小河流共9条，境内有艾不盖河、开令河、乌兰苏木河、阿其因高勒河、乌兰伊力更河、塔布河等季节性河流，均为内陆河。艾不盖河是最大河流，上游多年平均径流深4—8毫米，常年有少量径流，塔布河为间歇性河流，其余都是季节性洪水河及利用价值较小的过境河。主要湖泊有腾格淖尔、哈拉淖尔、赛打不苏淖尔等。

表3-4　　　　　　　　　达茂旗各水系主要河流统计表　　　　　（单位：平方千米）

水系	所在地	河名	河长	总流域面积	本旗流域面积	备注
腾格淖水系	满都拉镇	艾不盖河	192	7185.5	5797.2	上游多年平均径流深4—8毫米
腾格淖水海	满都拉镇	查干布拉河	92	833.9	933.9	季节性河流
乌兰淖水系	满都拉镇	乌兰伊力更河	43.1	277.1	277.1	季节性河流
打布苏水系	满都拉镇	陶来图河	78	772.5	772.5	季节性河流
哈勒淖尔水系	查干淖尔苏木	乌兰苏木河	96.2	854.1	854.1	季节性河流
哈勒淖尔水系	查干淖尔苏木	阿其因高勒河	57	377.9	377.9	季节性河流
哈勒淖尔水系	查干淖尔苏木	开令河	81.7	1892.4	1392.4	季节性河流
呼和淖尔水系	四子王旗	塔布河	323	1324.7	317.3	间歇性河流
图木古淖水系	四子王旗	扎达盖河	48.6	319.8	310.8	季节性河流
合计			1011.6	13837.9	11033.2	

资料来源：《内蒙古达茂联合旗水资源评价》，水利部牧区水利研究所。

4. 地下水资源

（1）达茂旗地下水基本情况

达茂旗地下水总体循环处于阴山北麓的内陆径流系统中，南部低山丘陵区为地下补给区，宽谷、盆地为径流富集区，以变质岩张性裂隙水和碎屑岩类潜水为主，山区沟谷中冲积洪积层潜水次之，其富水性主要受构造、岩性、节理裂隙发育程度以及地形等因素控制。北部腾格淖尔地区为地下水排泄区，埋藏南浅北深，总的状况是南部较北部丰富。地下水补给来源基本靠大气降水入渗，因降水量很少，且有90.5%被蒸发，因此，水源明显不足，多年平均值为29977万立方米，其次侧向补给2059.2万立方米，河道基流切割渗入127.6万立方米，田间回流归水287.1万立方米，年综合补给水量达32451万立方米。地下水消耗，年潜水蒸发量928.2万立方米，侧向流出量83.7万立方米。因此，多年净综合补给量为31439万立方米。地下水质较好，适宜饮水和灌溉。南部农区水矿化度小于2克/升，北部在1—3克/升之间，水的化学类型为HCO_3和SO_4。但也有相当部分地区水质很差，矿化度大于5克/升，全旗地下水含氟量普遍偏高。经对10829平方千米范围内地下水抽样检查，超标准区面积达9849平方千米，占检验总面积的91%[①]。

（2）地下水分类

根据地形地貌、地质构造、岩性、岩相古地理及地下水类型，达茂旗水文地质分为山丘区、高平原区、山间河谷及阶地区三大类。山丘区包括层状基岩裂隙潜水和块状基岩裂隙潜水，高平原区又分为潜水和层间水（承压水）含水岩组两类。

①山丘区　层状基岩裂隙潜水：该岩类包括坚硬的碎屑岩及浅变质岩，其岩性主要由石英砂岩、砾岩、灰岩、板岩、变质砂岩、安山岩及凝灰岩组成，由于岩石裂隙发育程度不同，富水性存在很大差异。变质岩风化张性裂隙带深度为20—40米不等，裂隙宽1—3厘米，裂隙率为2%—3%，水位埋深一般小于5米，单井出水量一般小于100立方米/天，由于节理及张性断裂较为发育，地下径流条件好，矿化度一般小于1克/升，局部地区1—3克/升。补给源主要为大气降水入渗补给，降水量的多少直接影响着地下水的水量，排泄主要为侧向径流和民井开采。

块状基岩裂隙潜水：块状岩类主要是指岩浆岩，岩性主要为中细粒花岗岩及闪长花岗岩，节理裂隙较为发育，由于岩体风化破碎严重，裂隙多被泥质或石英脉所填充，影响了降水的入渗补给，导致富水性减小，单井出水量一般小于10立方米/天，水位埋深一般小于5米，矿化度一般小于1克/升，局部地区1—3克/升。补给源主要为大气降水入渗补给，排泄主要为侧向径流和民井开采。

②高平原区　高平原在构造上属于中、新生代断坳陷盆地，在燕山运动作用下，接受白垩系、第三系内陆湖盆相碎屑沉积，由于地下水贮存、补给、排泄条件不同，形成潜水与层间水（承压水）含水岩组两类。

潜水含水岩组：潜水含水岩组岩性为砂卵石、砂砾石、含砾粗砂、粗砂等，由于剥蚀地形起伏较大，含水层断续分布，水位埋深小于10米，一般为1—5米，单井出水量10—100立方米/天，矿化度一般小于1克/升，局部低洼地段为1—3克/升。补给源主要为山丘区侧向排泄补给，排泄方式主要为潜水蒸发和人工开采。

层间水（承压水）含水岩组：川井盆地、白彦花盆地孔隙层间水，含

---

① 水利部牧区水利研究所：《内蒙古达茂联合旗水资源评价》。

水层由砂岩、砂砾岩组成，顶板埋深40—80米，含水层厚度2—50米，水位埋深14—80米，裂隙不发育，透水性较差，涌水量小于10立方米/天，矿化度1—3克/升，接受基岩裂隙水补给，开采排泄。中部白音敖包盆地承压水，含水层由砂岩、砂砾岩组成，上覆巨厚的灰绿色泥岩夹砂质泥岩。顶板埋深大于50米，含水层厚度14.86—28.32米，水位埋深小于5米。涌水量小于100立方米/天，矿化度1克/升左右，透水性较差。西河盆地承压水含水层由砂砾岩、砂岩及泥质砂砾岩组成，顶板埋深大于8米，含水层厚度小于10米，涌水量大于1000立方米/天，矿化度1—3克/升。乌克盆地承压水含水层岩性为棕红色、灰绿色，含水层由砂砾岩、砂岩、泥质砂砾岩组成，顶板埋深70—135米，含水层厚度小于10米，涌水量为100—1000立方米/天，矿化度1—2克/升。主要接受山丘区基岩裂隙水的补给，排泄方式主要为人工开采。西河盆地孔隙承压水含水层岩性为灰绿、灰白及棕红色砂砾岩、砂岩及泥质砂砾岩、泥岩等，上覆上新统湖相沉积物。含水层分布极不均匀，顶板埋深大于8米，最大厚度为9.82米。单井出水量为100—1000立方米/天。由于受到基底花岗岩隆起的阻隔，排泄受阻，径流条件变差，水质变差，矿化度由1—3克/升渐变为大于4克/升。主要接受山丘区基岩裂隙水的补给，排泄方式主要为人工开采。

③山间河谷及阶地区　含水层岩性一般为冲洪积卵砾石、砂砾石、含砾粗砂等，从沟谷顶部到下游，含水层颗粒具有由粗变细的分布规律。在沟谷顶部为砂卵石、砂砾石，到下游逐渐过渡为砂砾石、含砾粗砂、粗砂等。含水层厚度一般具有从上游到下游逐渐变薄乃至尖灭的规律，厚度一般大于3米。含水层中含有较丰富的潜水，潜水位从丘陵边缘的沟谷顶部向下游逐渐由深变浅，水位埋深一般大于1.5米。一般单井出水量主沟大部分大于1000立方米/天，支沟小于100立方米/天。水质一般较好，矿化度小于1克/升。除接受大气降水补给外，还受高平原和低山丘陵的侧向补给，以蒸发和开采的方式排泄。

（二）水利建设情况

建旗初期，达茂旗没有水利工程，一遇干旱，河水断流，牲畜大片死亡。20世纪50年代末至60年代初，修建了黄花滩、杨油房、青龙湾3座水库，结束了达茂旗没有水利工程的历史。黄花滩水库是当时自治区在牧区草原建设的第一座水库，被誉为"草原明珠"。60年代初至70年代末，随着牧区水利专业队、草原打井队的组建，水利建设进入了全面发展阶段。当时旗委、旗政府提出了农区开发西河滩、德承永滩、古勒畔滩、大西滩、东河滩、坤兑滩、幸福滩、五福堂滩、小文公滩、明水滩十大滩和牧区开发开令河、塔令宫、塔拉赛罕、高腰亥、小乌兰花、依克乌素6个大型饲草料基地的发展目标，相继建设了塔令宫、碌碡湾、德承永、高腰亥等一大批扬水站、引洪灌溉工程和抗旱水源井工程，从此结束了达茂旗靠天种田、靠天养畜的历史。党的十一届三中全会以来，旗委、旗政府提出了实现人均1亩水浇地的奋斗目标，发动群众深入持久地开展以水为中心的农田草牧场水利基本建设，农区打井配套，牧区家庭灌溉小草库伦。2002年，旗委、旗政府确立了"农牧业向水资源富集区集中"的发展思路，深入开展了农田草牧场水利基本建设。农区打造了5个农业产业化发展园区，牧区打造了23个畜牧业产业化发展园区。2008年以来，又修建了清水湾水库。借助全国小型农田水利重点县等项目资金的支持，推广了喷灌、滴灌、膜下滴灌等高效节水灌溉技术，节水灌溉工程普及率达到了68.84%。发展农田灌溉面积22万亩，发展灌溉饲草料地8万亩，配套喷灌、滴灌等高效节水灌溉技术的灌溉面积达到了18万亩。2013年以来，达茂旗建有黄花滩、清水湾等7座水库及塘坝1处，引洪工程17处，累计打灌溉机电井3779眼，配套机电井3602眼，发展有效灌溉面积30万亩。总之，新中国成立以来达茂旗水利基础保障能力得到很大提升。

（三）水资源的变化及影响

1. 水资源天然匮乏，缺水问题已成为制约草原畜牧业发展的主要瓶颈之一

如上文所述，达茂旗是我国北方严重缺水地区，水资源十分匮乏，水资源构成单一，没有过境水，同时又是生态环境极其脆弱的地区。水资源是其基础性的战略资源，同时又是经济社会可持续发展的制约性资源。

仅以2016年为例，全旗水资源开发利用量为5194万立方米，水资源开发利用率已经达到56.1%（地表水资源占13.23%、地下水资源占77.65%）。虽然地表水资源尚有1548.71万立方米的开源潜力，但由于工程可控条件差，利用较为困难。随着达茂旗经济社会的快速发展，产业结构

的调整和重新布局，水资源的需求急剧加大，水资源的供需矛盾日趋尖锐，水资源的短缺已成为达茂旗经济社会可持续发展的首要制约因素。应全面推行节约用水措施，建设开源工程来满足未来发展的需水要求，重新布局水资源的开发利用方案，拓展水资源可利用空间，提高水资源水环境的承载能力。

2.地下水的大量开采导致地下水位下降，对当地的草原植被造成了一定的破坏

地下水贮存在包气带以下地层的空隙中，包括岩石间空隙、裂隙以及溶洞中的水源，其水量比较稳定、水质有保证。地下水中可再生部分为上层的滞留水与潜水，比较容易开采，其中不可再生的部分为承压水，水位相对比较深，多储存在两个隔水层中间。地下水作为达茂旗重要的供水资源，在保证居民生活用水、社会经济发展和生态环境平衡等方面起着不可替代的重要作用。地下水的补给来源基本靠大气降水入渗，气候变化会影响地下水水位变化。在雨期，地下水系统不断得到大气降雨入渗的补给，地下水水位上升。在旱季，蒸发会引起地下水水位的下降。

达茂旗地下水涌水量小，主要富水区在艾不盖河、开令河、乌兰苏木河的河谷和山间河谷。目前，沿上述富水区分散性的地下水取水井建设较多，资源开发利用率已经达到77.65%，开发利用程度较高。随着地下水开采量的逐年增加，地下水资源紧张状况显现。干旱草原地区地下水开采过多往往导致地下水水位下降甚至是枯竭，进而造成绿洲枯竭，荒漠化程度越来越严重，同时会破坏当地整体的生态系统。达茂旗地下水超采区分布在农业集中的农业区坤兑滩和工业区帕嘎玛。相关研究表明，植被种群生长与覆盖率，跟地下水水位深度有密切关系，草原植被种群的分布随着当地地下水埋深的变化而发生明显的变化。在进行地下水开采时，如果地下水埋藏深度超过当地草原生长适应的限度，就会造成植被生态风险。干旱区合理开发利用和保护地下水，保持合理的生态水位，对于保持良好的土壤环境和植被正常生长，促进生态环境的良性循环具有十分重要的意义。达茂旗地下水资源多年平均可开采量为7554.26万立方米，近几年地下水资源开采量基本维持在4500万立方米左右，尚有3000万立方米左右的可开采潜力。因此，为了实现可持续发展，要严格控制达茂旗地下水开采强度，避免地下水超采，不能超过地下水的承载能力。统筹协调农、

林、牧、生态与工矿、城镇用水关系，选定合理的开采深度，保障达茂旗干旱地区生态用水需求。

3. 地表水利用程度相对较低，未能有效分担地下水的压力

达茂旗位于阴山北麓的内陆高平原地区，地表水主要分布在西南部的低山丘陵区，主要由艾不盖河、塔布河、开令河、哈尼河、乌苏图勒河等组成。这些河流径流量主要集中在汛期。境内多年平均地表径流量为3245.08立方米，多年平均可利用量为1784.79万立方米。根据近几年地表水资源开发利用量情况，利用量基本维持在230万立方米左右，尚有可利用潜力为1555万立方米。长期以来，达茂旗产业结构以传统的畜牧业生产为主，地区生产力水平相对落后，水资源的开发利用以解决人畜饮水、农田及饲草料地的灌溉为主。由于地广人稀、建设资金有限等，现有地表水供水工程规模小，调蓄能力差，水源工程的建设形式以分散、小型为主，缺乏控制性大型调蓄工程。截至2016年年底，达茂旗有黄花滩中型水库1座、小型水库6座，总库容约占多年平均地表径流量的27.8%，占多年平均地表水资源可利用量的50.6%，水库的功能主要以防洪和农田灌溉为主，而且水库工程配套差、渗漏淤积严重，供水保证程度低。由于地表水利工程不完善导致地表水资源的利用程度相对较低，仅占总供水量的3.87%，利用率偏低。地下水利用量相对较高，占总供水量的96.13%。因此，在保护性开发地下水资源的同时，要充分利用当地地表水资源和非传统水资源，建立起地表水水源供水工程体系、雨洪水资源化利用工程体系、城镇及工业园区污水集中处理再生利用工程体系等四大工程体系，才能保证达茂旗经济社会发展、生态环境良好的水资源供需平衡，从而减轻地下水的承载力。

4. 水资源利用总体效益不高，水资源浪费现象严重

达茂旗不仅严重缺水，而且水资源利用效益比较低，用水方式比较粗放，用水结构不合理。农业用水量占总用水量的85.66%，且主要为地下水，农田灌溉效率不高，水资源浪费现象仍然存在。工业用水量占总用水量的11.06%，工业用水重复利用率不高，仅为22%，而且随着工业项目的建设，水资源供需矛盾突出。污水处理能力差，污水回用率仅为44%，其余未经处理直接排放。矿坑水未加利用而直接排放。许多节水措施和污

水处理设施费用过高，节水积极性难以提高和持续，不仅导致用水浪费，而且也使从事供水的企业长期亏损，投资回收期长。水资源的保护、开发投入严重不足，加大了水资源保护和优化配置的难度，不利于水资源的节约高效利用、保护和优化配置。常规节水工程建设标准低，作用发挥有限。因此，要解决达茂旗水资源短缺问题，除适度开源外，还要着眼于节流上，通过实施节水战略，提升用水效率，增加水资源的利用空间，支撑用水效率和效益高的产业发展，控制高耗水工业建设，各工业园区应建立污水处理系统，提高节水工艺，减少水污染，增加水的重复利用率。善用水结构，提高用水效益，满足区域经济社会发展的需求。

三 气候变化及影响

（一）气候概况

1. 气温

达茂旗属中温带半干旱大陆性气候，四季分明，春季风大沙多，夏季干旱炎热，冬季寒冷干燥，寒暑变化强烈。历年平均气温4.3℃，气温年较差大，平均最高气温6.6℃，平均最低气温2.1℃，极端最高气温39.8℃，极端最低气温-41.1℃，昼夜温差大。全旗年平均气温趋向是北部牧区高，中部次之，南部牧区低。满都拉镇年平均气温是5.3℃，希拉穆仁镇年平均气温是2.5℃。达茂旗空中水汽主要来源于北部贝加尔湖地区和西南暖湿气流，由于地处内陆，森林和草原植被稀疏，生态环境差，形成了不利的降水气候特点。

2. 降水

达茂旗降水主要靠太平洋暖湿气流由夏季风输送，但因路途遥远，停留时间短，且由于燕山和阴山山脉的阻隔，降雨季节短暂，降水量少，而蒸发量大。全旗年平均降水量250.5毫米，蒸发量却高达2200—2800毫米，是降水量的8.8—11.2倍。降水量年内分配不均，季节差异较大，主要集中在7—9三个月，其降水量约占全年降水量的60%—80%，雨热同期。降水量年际间变幅较大，年最多降水量425.2毫米，年最少降水量仅14.8毫米，历史上丰、贫年度降水比在3.0以上，干旱频繁，干旱年份频率达到60%，大旱年份频率为25%，有"十年九旱，年年春旱"之说。降水的空间分布差异较大，降水量从南向北呈递减趋势，南部希拉穆仁苏木年平均降水量280—300毫米，中部百灵庙年平均降水量240—260毫米，而北部满都拉苏木年平均降水量170—200毫米。

3. 风

达茂旗风能资源丰富，风速大，多年平均风速为4.3米/秒，风力强，大风日数较多，持续时间长，多年平均大风日数为65.7天，极端最多大风日数为99天，沙尘暴日数为10—19天，极端沙尘天气日数最多81天，全年主要风向为北风和西北风，一年中，3—5月份大风日数最多，12月至来年2月份最少。2000年之后，由于采取京津风沙源治理等有效措施，大风日数在南部地区明显下降。

4. 日照

全旗晴天多，大气透光性好，太阳辐射强度大，日照充足，年平均日照时数2900—3300小时，有效积温多，≥10℃积温2253℃—2984℃。无霜期短，为95—125天。生态脆弱，且近20年来，由于气候异常，年均积温升高，无霜期延长，蒸发量加大，加之大风天数增多，致使土地沙化日益严重。

（二）变化情况

为了找出较长时间内达茂旗气候变化规律，我们采用滑动平均方法，对1954—2017年的年平均气温和年降水量数据加以分析。

1. 温度的变化

（1）气温变化的总体特点分析

气温变化的总体特点可以通过年平均气温、3年滑动平均气温、5年滑动平均气温和多年平均气温的对比得以体现（见表3-5和图3-6）。

表3-5　　　　达茂旗1954—2017年气温变化数据表　　　（单位：℃）

年份	年平均气温	3年滑动平均气温	5年滑动平均气温	年份	年平均气温	3年滑动平均气温	5年滑动平均气温
1954	2.3	—	—	1986	3.7	4.0	4.2
1955	3.5	2.6	2.9	1987	5.3	4.3	4.6
1956	2.1	2.8	3.0	1988	3.8	4.7	4.8
1957	2.7	2.9	3.1	1989	4.9	4.6	4.6

续表

年份	年平均气温	3年滑动平均气温	5年滑动平均气温	年份	年平均气温	3年滑动平均气温	5年滑动平均气温
1958	3.8	3.2	3.5	1990	5.1	5.0	4.6
1959	3.0	3.6	3.4	1991	4.9	4.8	4.7
1960	4.0	3.6	3.5	1992	4.5	4.4	4.6
1961	3.9	3.5	3.5	1993	3.8	4.6	4.4
1962	2.5	3.5	3.5	1994	5.4	4.5	4.6
1963	4.0	3.1	3.6	1995	4.4	4.6	5.1
1964	2.9	3.8	3.6	1996	4.1	4.6	5.2
1965	4.4	3.8	3.3	1997	5.3	5.2	5.2
1966	4.2	3.7	3.4	1998	6.3	5.8	5.5
1967	2.6	3.1	3.1	1999	5.9	5.6	5.4
1968	2.6	2.7	3.1	2000	4.5	5.2	5.1
1969	3.0	2.8	3.4	2001	5.3	5.0	5.0
1970	2.9	3.4	3.5	2002	5.2	5.0	5.0
1971	4.2	3.8	3.8	2003	4.5	5.0	5.0
1972	4.3	3.8	3.9	2004	5.4	4.9	5.2
1973	3.0	3.9	3.7	2005	4.7	5.2	5.2
1974	4.5	3.7	3.7	2006	5.4	5.3	5.1
1975	3.5	3.8	3.9	2007	5.8	5.2	5.2
1976	3.3	3.7	3.7	2008	4.5	5.2	5.0
1977	4.2	3.9	3.7	2009	5.3	4.9	4.6
1978	4.1	4.0	3.9	2010	5.0	4.9	4.9
1979	3.6	3.6	3.9	2011	4.4	4.4	5.0
1980	3.1	3.7	3.9	2012	3.9	4.7	5.2
1981	4.4	4.0	3.8	2013	5.8	5.3	5.4
1982	4.4	4.3	3.8	2014	6.1	5.9	6.0
1983	4.1	3.8	3.6	2015	5.8	5.8	—
1984	2.8	3.3	3.8	2016	5.5	6.0	—
1985	3.1	3.2	3.7	2017	6.6	—	—

结果分析：

① 1954—2017年64年间，达茂旗地区气温呈波动上升趋势，波动范围在2.1℃（1956年）—6.6℃（2017年）之间，振幅达到4.5℃，波动幅度

比较大。

② 可以将达茂旗地区1954—2017年的气温波动划分为两个阶段：第一阶段1954—1985年是一个低温时期，32年的平均气温为3.5℃，比平均气温4.3℃低0.8℃；第二阶段1986—2017年是一个高温时期，32年的平均气温为5.0℃，比平均气温高0.7℃。

(2) 气温变化的分时段特点分析

以上是从气温变化的64年自然分期，分析了气温变化的规律。下面从年代分段的角度分析气温变化的规律（见表3-6）。

表3-6　　　　达茂旗20世纪50年代到21世纪10年代平均气温　　（单位：℃）

50年代平均气温	60年代平均气温	70年代平均气温	80年代平均气温	90年代平均气温	21世纪头10年平均气温	10年代平均气温	多年平均气温
2.9	3.4	3.8	4.0	5.0	5.1	5.4	4.3

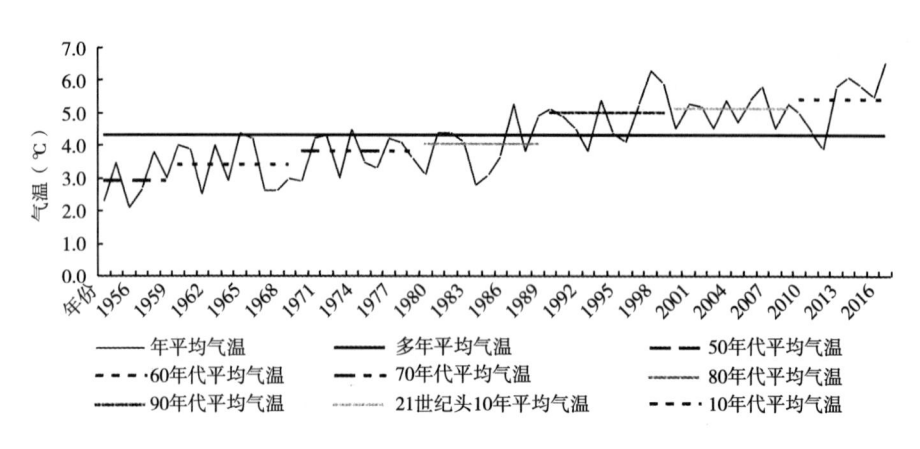

图3-6　达茂旗1954年以来年均气温10年段变化

结果分析：

① 从年代平均气温来看，从20世纪50年代到21世纪10年代7个年代时间段，达茂旗地区气温呈阶梯状上升趋势，50年代平均气温为2.9℃，60年代平均气温3.4℃，70年代平均气温3.8℃，80年代平均气温4.0℃，90年代平均气温5.0℃，21世纪头10年平均气温5.1℃，10年代平均气温5.4℃，7个年代时间段平均温度的升高幅度为0.1—1.0℃，显示了达茂旗地区1954年以来64年间气温上升的强劲趋势。

② 与多年平均气温相比较，20世纪50年代、60年代是寒冷期，分别比

多年平均气温低1.4℃、0.9℃，70年代、80年代是温冷期，分别比多年平均气温低0.5℃、0.3℃，90年代及21世纪头10年、10年代是温暖期，分别比多年平均气温高0.7℃、0.8℃、1.1℃。总之，无论是从64年的气温变化自然分期看，还是从7个年代段看，达茂旗地区都呈现出年均气温不断上升的趋势。

③ 从年均气温变化的波动幅度看，20世纪50年代的波动幅度为1.7℃，60年代的波动幅度为1.9℃，70年代的波动幅度为1.6℃，80年代的波动幅度为1.8℃，90年代的波动幅度为2.1℃，21世纪头10年的波动幅度为1.3℃，10年代的波动幅度为2.7℃。比较而言，20世纪50年代到80年代的波动幅度比较稳定，90年代和21世纪10年代的波动幅度比较大，这说明，达茂旗地区年均气温的波动性有增强的趋势。

2.降水量的变化

（1）降水量变化的总体特点分析

降水量变化的总体特点可以通过年平均降水量、3年滑动平均降水量、5年滑动平均降水量和多年平均降水量的对比得以体现（见表3-7和图3-7）。

表3-7　　　　达茂旗1954—2017年年降水量变化数据表　　　（单位：毫米）

年份	年平均降水量	3年滑动平均	5年滑动平均	多年平均降水量	年份	年平均降水量	3年滑动平均	5年滑动平均	多年平均降水量
1954	241.9	—	—	4.3	1986	217.2	221.7	245.7	4.3
1955	216.0	251.4	260.3	4.3	1987	206.3	240.2	248.8	4.3
1956	296.3	229.5	280.1	4.3	1988	297.2	256.6	264.6	4.3
1957	176.3	281.1	274.9	4.3	1989	266.2	273.5	258.8	4.3
1958	370.8	296.0	286.9	4.3	1990	257.2	273.2	242.9	4.3
1959	340.9	300.6	296.7	4.3	1991	296.1	243.5	249.3	4.3
1960	190.0	295.8	264.0	4.3	1992	177.1	230.4	261.2	4.3
1961	356.5	257.2	249.7	4.3	1993	218.0	231.1	243.6	4.3
1962	225.2	263.1	214.6	4.3	1994	298.3	277.6	246.6	4.3
1963	207.5	234.0	171.9	4.3	1995	316.4	274.4	254.6	4.3
1964	269.2	163.8	179.8	4.3	1996	208.4	238.8	243.7	4.3
1965	14.8	142.2	170.1	4.3	1997	191.7	219.4	227.5	4.3
1966	142.6	140.8	171.4	4.3	1998	258.2	231.3	229.8	4.3
1967	264.9	188.9	230.2	4.3	1999	243.9	245.8	255.9	4.3

续表

年份	年平均降水量	3年滑动平均	5年滑动平均	多年平均降水量	年份	年平均降水量	3年滑动平均	5年滑动平均	多年平均降水量
1968	159.2	233.2	247.9	4.3	2000	235.3	233.0	289.3	4.3
1969	275.5	247.8	239.2	4.3	2001	219.7	259.2	284.8	4.3
1970	308.6	271.8	271.3	4.3	2002	322.5	322.5	271.4	4.3
1971	231.2	253.8	258.6	4.3	2003	425.2	322.9	283.3	4.3
1972	221.7	257.5	246.4	4.3	2004	221.1	271.7	271.9	4.3
1973	319.5	251.0	249.7	4.3	2005	168.7	223.0	235.8	4.3
1974	211.9	259.7	260.4	4.3	2006	279.1	237.7	219.3	4.3
1975	247.6	235.7	234.7	4.3	2007	265.4	263.1	232.5	4.3
1976	247.7	256.9	272.3	4.3	2008	244.9	216.2	234.5	4.3
1977	275.3	237.9	262.1	4.3	2009	138.4	206.0	242.8	4.3
1978	190.8	288.8	287.7	4.3	2010	234.7	220.7	243.3	4.3
1979	400.3	262.5	265.7	4.3	2011	289.1	276.9	275.0	4.3
1980	196.5	324.2	277.9	4.3	2012	306.9	281.1	274.1	4.3
1981	375.7	245.8	257.6	4.3	2013	247.4	283.8	267.6	4.3
1982	165.3	264.2	266.6	4.3	2014	297.1	258.1	259.3	4.3
1983	251.7	238.5	234.9	4.3	2015	229.8	261.3	—	4.3
1984	298.6	264.0	243.1	4.3	2016	257.0	250.7	—	4.3
1985	241.6	252.5	252.2	4.3	2017	265.3	—	—	4.3

资料来源：《内蒙古达茂联合旗水资源评价》，水利部牧区水利研究所。

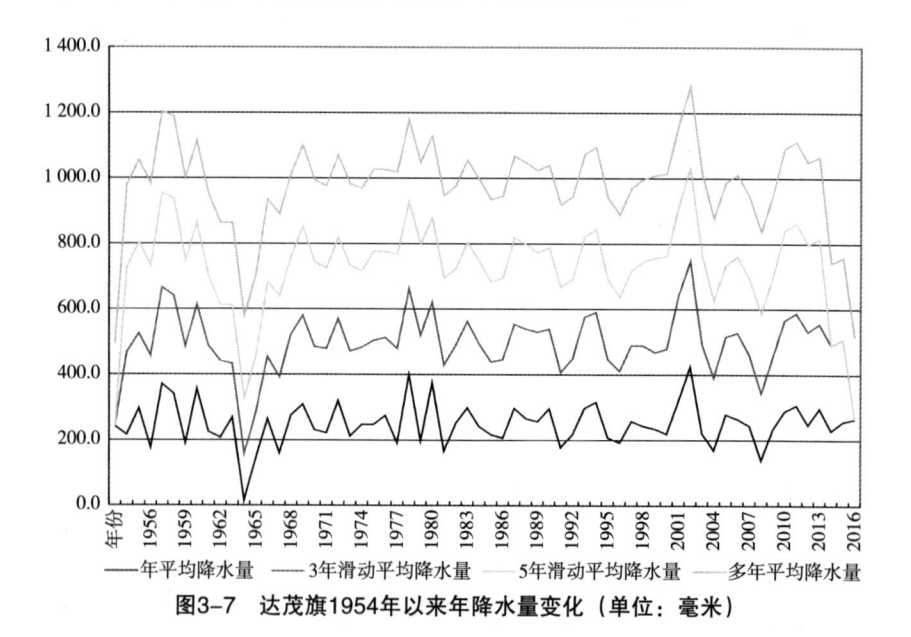

图3-7 达茂旗1954年以来年降水量变化（单位：毫米）

结果分析：

① 1954—2017年64年间，达茂旗地区的降水量一直处于波动状态，波动范围在14.8毫米（1965年）—425.2毫米（2003年）之间，振幅达到410.4毫米，波动幅度比较大。

② 虽然达茂旗的年降水量一直处于波动状态，但去除个别年份短期的不规则变化，从3年滑动平均和5年滑动平均的趋势线上看，也可以将其分为两个明显的阶段：第一阶段是1954—1969年，先上升后下降再上升的正弦曲线；第二阶段是1970—2017年，处于比较稳定的波动状态。

（2）降水量变化的分时段特点分析

为了更好地衡量降水量的变化，下面从分年代时段的角度来进一步分析降水量的变化，以求真实地反映降水量的变化规律（见表3-8和图3-8）。

表3-8　　达茂旗20世纪50年代到21世纪10年代平均降水量　　（单位：毫米）

50年代平均降水量	60年代平均降水量	70年代平均降水量	80年代平均降水量	90年代平均降水量	21世纪头10年代平均降水量	10年代平均降水量	多年平均降水量
273.7	210.5	265.5	251.6	246.5	252.0	265.9	250.5

资料来源：《内蒙古达茂联合旗水资源评价》，水利部牧区水利研究所。

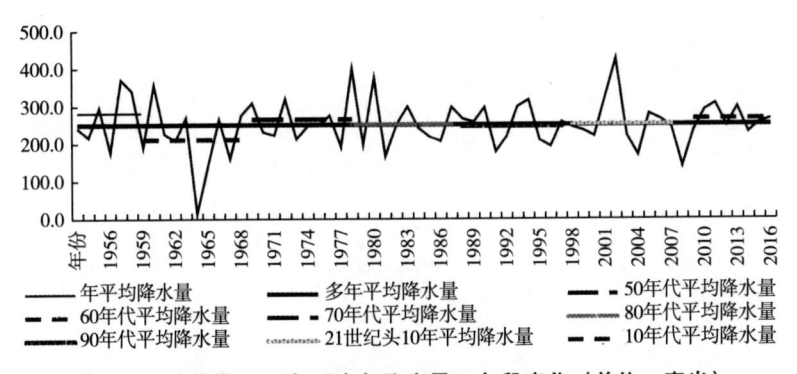

图3-8　达茂旗1954年以来年降水量10年段变化（单位：毫米）

结果分析：

①从年代平均降水量来看，从20世纪50年代到21世纪10年代7个年代时间段，达茂旗年降水量平均值基本上是呈现一个"上升—下降—再上升—再下降"这样一个循环往复的波动趋势。

② 只有20世纪60年代和90年代的平均降水量低于多年平均降水量，其他5个年代的平均降水量均高于多年平均降水量。

③ 20世纪50年代、60年代的平均降水量变幅较大，与平均值分别差23.2毫米、-40毫米，尤其是60年代降水变幅是7个年代段中最大的，20世纪70年代和21世纪10年代的平均降水变幅中等，分别比多年平均降水量高15毫米、15.4毫米，20世纪80年代到21世纪头10年的平均降水量变幅较小，非常接近多年平均降水量。

3. 小结

了解气候变化，才能掌握它对草原生态系统的影响，温度、降水等是植物生长的重要影响因子，它们单独或复合的变化势必引起草原在不同尺度上的变化[①]。达茂旗从1954年到2017年64年间，气温呈上升趋势，降水量则呈波动变化趋势，但总体来说，都是围绕多年平均降水量波动。气候的这种变化趋势将对该旗草原生态环境及畜牧业的发展带来不可忽视的影响，再加之过度放牧、人口变化、开垦、樵采等人类活动的作用，会使草原生态环境问题日益严峻。

---

① 方精云：《也论我国东部植被带的划分》，《植物学报》2001年第43期。

第四章 达茂旗草原畜牧业变迁对传统文化的影响

从新中国成立至今,达茂旗草原畜牧业可以说经历了从游牧到定居,甚至到全面禁牧的历史性变迁,而这种变迁不仅带来了草原畜牧业本身的转型发展,也对几千年来畜牧业生产经营活动中形成的传统游牧文化产生了不同的影响。

第一节 传统游牧业中的生态文化

传统草原畜牧业,即游牧业,是指"居无定所,带着畜群逐水草而游动放牧"的畜牧业,是草原民族在驯化和经营草原"五畜"实践中不断摸索和完善的,适合北方干旱半干旱草原生态特点的生产方式。它是一种由牧民、家畜和自然三要素构成的特殊的生产方式,这种生产方式通过家畜对自然的适应程度来协调人与自然的关系[①]。因此,传统草原畜牧业中,保护并利用草牧场的行为,以及畜群的管理方式,反映到从事畜牧业经营的牧民的思想意识,共同形成了所谓的游牧业中的生态文化,以及牧民与之相适应的生活方式和思想观念,反过来又影响草原畜牧业本身的发展。

一 草牧场保护意识

保护草牧场包括草原土壤的保护、草地动植物资源的保护、水资源保护等。比如,保护草原土壤方面,传统畜牧业生产体系中牧民深知草原土

[①] 扎格尔:《蒙古族游牧文化中的传统生态观探析》,见宝力高编《蒙古族传统生态文化研究》,内蒙古教育出版社2007年版,第21页。

层较薄、土壤并非肥沃的牧场,在生产生活过程中处处保护草原土壤。这种意识首先体现在营盘的土壤保护中。每年牧民少则四五次,多则十次、二十次轮换营盘,然而不管搬迁多少次,牧民都会把营盘收拾得干干净净,生怕得罪了大地母亲。即使是长时间居住,他们也会保持营盘周围的干干净整齐,不会随意扔垃圾,不会把病死的牲畜或猎获的动物尸体到处乱扔。这样做更有利于营盘植被的迅速恢复,防止各种疾病的传播。

众所周知,北方草原除极少数地方外,均不宜开垦种地,而更适合放牧利用。数千年来,草原民族掌握了北方草原的这一生态特征,禁忌草原开垦,出台了很多具有强制约束力的法律法典,甚至在草原上随处挖坑动土都受到限制,违者会受到严厉的惩罚。正是这种禁忌开垦,甚至轮换营盘都不舍得破坏土壤的文化形态,保护了蒙古高原浅薄的土壤层,使其能为牧草提供养分,避免土地沙化。

比如,在保护草地野生动植物资源方面,牧民认为,草地上的一根草、一只鸟都是组成草原生态系统的一分子。在游牧生产过程中,牧民不会随意"拔草除根",甚至不会把干枯的树草拿去当柴,因为他们认为当遇到灾害时牲畜也会吃到这些枯草,或让枯草慢慢腐烂变成肥料。

传统草原畜牧业生产体系中,牧民会分辨出很多具有药用、食用和经济价值的植物,并采集利用。牧民懂得何时、何地、如何采集,以及采集程度,不会因为有利用价值而肆无忌惮地采集,更不会因交易而乱采乱挖。它是大自然的产物,是草原生态系统的组成部分,是草原牧民共同的财富,而不属于某一个人,任何人没有拥有的权利,只能使用或利用。同样,在传统草原畜牧业生产体系中牧民也会爱惜草原上的野生动物资源,即使是对畜牧业生产有危害或有竞争关系的动物,如狼、黄羊等,牧民也不会赶尽杀绝。这种保持生态系统各子系统的平衡,以及系统本身物质流、能量流自然循环的生态觉悟,逐渐成了全体牧民的行为规范,甚至上升为独具特色的文化形态,而它又通过游牧民自身行为来保护和保证草原生态系统的动态平衡。

再如保护水资源方面,传统草原畜牧业生产体系中,逐水草而居是常态,而这种游牧方式不仅保护了草场和土壤,也爱护了江河和泉水。在传统草原畜牧业生产体系中,牧民的营盘不会选在离河流、泉、溪太近的地方;一些大的河流、泉水源头都成了永久禁牧地;严禁在河水、泉水中清洗衣物、扔垃圾；更不能在河水、泉水里净身，禁止在河水上游、泉水源头倒垃圾、灰烬等，以此来保护江河不受污染和保持水源的原始状态。直至今日，保护水源仍然是从事草原畜牧业生产的每个牧民必须承担的责任，因为自从他们记事起就不断接受这种爱护水资源、保护生命之源的生态文化的熏陶。

二 草牧场利用方式

传统草原畜牧业生产体系中，草牧场的利用方式不是盲目的、随机性的，而是有计划、有规律、合理地利用。在长期游牧实践中，牧民根据草场类型、年景、生产需要总结出了一整套井然有序、颇有效率的草牧场利用方式，从而达到草牧场的充分利用和有效保护，其中包括草牧场的分季利用、走敖特尔、分畜种利用、撂荒和永久性禁牧、开发新牧场、预留打草场等不同的利用方式。

分季利用：在传统草原畜牧业生产体系中，牧民根据不同草场在气候、牧草、地形、降水及盐、碱等地貌特点上的不同，把放牧场分成春、夏、秋、冬四季营盘，并随着年景不同、季节不同在四季营盘之间选择不同的游牧时间、游牧路线和游牧地点。

春季是游牧业中很重要的一个季节。牲畜过冬以后膘情极度下降，体力衰弱。所以到春季时家畜体质最弱，膘情最差，草地上枯草的营养价值下降到最低程度。然而，春季又是各种牲畜繁殖和牲畜疫情多发的季节。因此，每年三月初或牲畜繁殖之前从冬营地搬迁到春营地。一般春营地选择离水源较近或离冬营地不远的、返青相对早的、背风向阳的低洼地，保证牲畜不致受寒，便于接羔，保证幼羔和母畜健康，以达到对冬营地草场的保护和牲畜健康。

到了5、6月份，天气逐渐炎热，蚊蝇变多，而经过春营地的放牧，牲畜体质得到了基本恢复。于是，牧民带着大小牲畜举家搬迁到夏营地。夏营地一般选择蚊蝇较少的丘陵、冈地、台地、山后等高处凉爽通风且又离水源较近的草原，保证牲畜采食良好，促使家畜及时抓水膘，从而达到保护冬春草场、打草场，以及家畜体壮的目的。同时，可避免夏季洪涝灾害的发生。夏营地一般不会就固定在一个地方，而是逐水源多次倒场。

夏季酷暑已过，天气转凉，这时牲畜要游牧到牧草肥美的秋营地，进一步抓好秋膘（或称油膘），准备过冬。秋营地一般要选择葱属（Allium）、冷蒿（Artemisia frigida Willd）及木地肤［Kochia prostrate（L.）Schrad］等营养价值高、饲用植物多的草场。然而，很多地方秋营地一般不固定，牧民为牲畜能够抓好油膘，挑选那些冬、夏季节没有到过的好草场，多次搬家。如果说夏营地是逐水而动，那么秋营地是逐草而搬。

冬营地相对固定，也是牲畜能否安全进入下一年的关键之地。因此，冬营地首先考虑小畜放牧场，要选择离营盘5到10里地之内最背风的，周围要有足够好的植被的向阳坡地；其次考虑牛的放牧场，要选择背风的，草群高且稠密的，离水源较近的草场；一般把离营盘较远的草场留给马和骆驼，最好是积雪较少，背风向阳地，以使各种牲畜能够抵御各种灾害，安全度过漫长而寒冷的冬季。

当然，分季利用不一定都分成春夏秋冬四季牧场，也有两季、三季分法，这主要取决于草牧场的地理、气候、植被类型。同时，每季营地并非是固定不变的，或每季牧场就搬迁一次，而是根据牧场植被情况、生长规律在各季营地内部多次游动或根据年景在各季营地之间主动调剂游动。

在这种游动放牧的生产经营活动中，牧民一方面注重草原"五畜"的发展，要充分利用草场、水资源等自然资源；另一方面保护生态、珍惜资源，重视自然资源的可持续利用。牧民的这一双重目的的生产实践活动，对善待自然、珍惜资源、保护生态的基本理念的形成以及生态观的构建起到了重要作用[1]。有专家甚至认为"四季游牧就是为了减轻草原和草场的人为的一种文化生态样式，它确保了牧草和水源的生生不息和永不枯竭"[2]。

走敖特尔：当出现水草不够或遇到自然灾害等特殊情况下，牧民会选择走"敖特尔"的方式解决缺水缺草问题。这样既能做到在灾年使牲畜安全度过，又能有效地使草原得到休养生息[3]。从这个意义上看，走敖特尔

---

[1] 扎格尔：《蒙古族游牧文化中的传统生态观探析》，见宝力高编《蒙古族传统生态文化研究》，内蒙古教育出版社2007年版，第18页。

[2] 吉尔格勒：《游牧民族传统文化及生体环境保护》，《广播电视大学学报》2001年第4期。

[3] 宝力高：《论蒙古族传统生态文化》，见宝力高编《蒙古族传统生态文化研究》，内蒙古教育出版社2007年版，第1页。

既是一种避灾方式，也是一种草场保护方法。

当然，走敖特尔不是大范围的和永久性的迁移，而是短期的，只要原放牧草场灾情减轻就回来的游牧方式。根据走敖特尔距离的远近、时间的长短可分为轻便敖特尔、近程敖特尔、远程敖特尔和特殊敖特尔等。轻便敖特尔是指在季节营地内部为了牲畜抓膘、保膘、躲灾而进行的近距离的小型游牧。它与季节营地内部轮牧不同，它不会举家搬迁，而是一两个劳动力赶着某种或某几种牲畜到某一草场上搭简易帐篷或窝棚而居住的方式。

在盟市或旗县范围内的，因黑白灾害而举家搬迁的敖特尔叫作近程敖特尔。这种敖特尔一般夏季搬走而秋末回来，或冬春搬走而夏季回来，需要几个月或半年的时间。

整个部落或旗县范围内的牧民，跨盟市搬迁叫作远程敖特尔。这种敖特尔一般是在几百、上千千米范围以内遭受严重旱灾或白灾的情况下采用。在时间跨度上可能是短期的，也可能是一年以上的。

走特殊敖特尔一般指冬季因特大的雪灾而紧急进行的敖特尔。为了营救遭灾的牲畜，特殊敖特尔不分昼夜、风雪而紧急进行。当然，特殊敖特尔有时还指因躲避洪涝灾害、战争、特殊危险等进行的敖特尔。它可能是近程的，也可能是远程的。走敖特尔，作为一种古老而有效的放牧方式、避灾方式和保护草牧场的方式，一直延续到草牧场承包经营，甚至直到今天遇到特殊年份草原牧民也在运用走敖特尔的方式，确保草牧场和牲畜能够安全渡过难关。它充分体现了畜牧业经营者深知自己经营管理的草场情况，了解周围或更广泛范围的草牧场特点的空间判断能力和生态知识。而实践中牧民正是把这些能力和知识上升为畜牧业经营管理中的自觉意识和生产文化。

分畜种利用：在传统草原畜牧业生产体系中，牧民根据不同牲畜的采食习性及牲畜自身的特点，采取分畜种利用草牧场的方法。马群一般放养在相对干旱禾本科植物多的草场；牛群则放养在植被覆盖度高且草高的草场，或林地和湿地草场；骆驼放养在土层较软，灌木、盐碱性植物较多的戈壁草场；羊群则更适合放养在干旱草原的禾本科植物较多的草场。在放牧距离上，羊群和牛群因走动范围较小、两者对牧草的选择不冲突而选择较近的草场；马群选择相对较远的草场；骆驼则一般去其他畜群不利用的戈壁草场。一块草场上不会同时放牧五种牲畜，但也不会把一种牲畜长时间放牧，而是各畜种轮换利用，这样既保证了牲畜膘情，也规避了因植物种类变化而引起的草场退化或草场的整体恶化。同时，通过各畜种的轮换放牧，使不同草场上的草籽随牲畜身体、绒毛或粪便带到另一块草场上并进行播撒，促进了草种的更新和改良，起到一定的恢复、改良草场的作用。在传统畜牧业经营中，分畜种利用草牧场不仅体现了游牧民对牲畜采食习性及采食需求的了解，更成为了牧民对牲畜与草场之间相互适应和动态平衡关系的诠释。

撂荒和永久性禁牧：在传统草原畜牧业生产体系中，时有草牧场撂荒现象。撂荒是指临时放弃原放牧场的使用，游牧到他乡或附近可放牧的草场，使原放牧场自然恢复。其中临时弃牧并非指一个季度或几个月的时间，而是指两年或以上时间内在原放牧场不得放牧。在游牧生产过程中撂荒现象时有发生，但由于四季轮牧一般只是局部放牧场的撂荒而非全部放牧场。永久性禁牧现象则普遍存在，是指一些地方，如某些水源地、敖包、山岩等周围四季禁止放牧、打猎，或某些草场为王公贵族专门狩猎场而不得放牧等。因宗教、信仰或权力等永久性禁牧的这些草场得到了特殊保护，当遇到特大旱灾、雪灾或其他特殊灾难时，得到王公贵族、喇嘛的批准后就可利用，以解一时困难。这种有尺度地利用草牧场的生产方式，既给草牧场提供了休养生息的机会，也给畜牧业发展提供了应有的保障，充分体现了人与自然的和谐发展的生态观。

预留打草场：在传统草原畜牧业生产体系中，除放牧外，打草是草牧场利用的另一种方式。一般春末夏初开始，打草场禁止放牧。由于草场类型不同、气候条件不一，各地打草时间略有不同，但一般都在牧草开花却未结籽以前打草，以保证牧草的营养价值。同时，为了保护牧草长势和种类，不让其失去平衡，打草时会留一部分地上根部，以及草籽带，每年也会轮更打草场。保持动态平衡和适度利用是传统草原畜牧业草牧场利用过程中始终坚持的两条原则，就连新草场的开发利用和打草场的利用都遵循着这样的原则，因为动态平衡和适度利用是草原牧民与草原生态千百年来的相互影响、相互适应过程中所总结出的最根本的生态思想。

三 畜群放牧管理技术

在传统草原畜牧业生产体系中，牲畜占据着非常重要的位置。对牧民而言，牲畜既是生产资料也是生活资料，是牧民生产生活的全部基础；对草原而言，牲畜是草原生态系统中不可或缺的一分子。因此，对传统草原畜牧业生产体系来说，牲畜管理方式和放牧方法成为草原畜牧业成功与否的关键。

1. 分群管理

在传统草原畜牧业生产体系中，牧民掌握了草原"五畜"不同的采食要求和采食习性，从而采取不同牲畜分群管理的放牧方式。一般根据畜种、成幼、公母、膘情和特需把牲畜分成不同的群体。比如，传统草原畜牧业生产体系中牧民会按照畜种，把马、牛、骆驼各自分成独立群放养，而绵羊和山羊按一定比例混合放养。一般羊群中都有山羊，却比例不能太多，少数山羊可起到带群作用，夏天遇到炎热天气时可使羊群分散采食，冬天遇到风雪天气可防止羊群四处走散，引导羊群躲避危险，率领羊群按时返回营地；但山羊多了也会领群乱跑，会影响羊群秋季抓膘，春季加快掉膘。

再如，牧民会按牲畜公母分群，将牛群分为苏白群和杂群，羊群分为苏白群、杂群和种公羊群。苏白群由三岁以上牲畜组成，有专人负责在较远的放牧场放养。杂群由母畜和幼畜组成，考虑到挤奶、幼畜管理一般在较近的放牧场放养。从清明节开始，羊群基本恢复体质时把种公羊单独成群，专人管理放养。

还可以按膘情分群，分为正常群和体弱群。这种分群管理方式主要适用于除骆驼外的其他畜群。正常群由膘情中等以上的牲畜组成，体弱群由膘情较差的牲畜组成。一般秋季牲畜抓油膘后，根据牲畜膘情把膘情较差的牲畜分离出来，并把它们集中起来，通过放牧和喂饲料相结合的方法使其安全度过冬春季。

甚至可以按照特殊的年份、特殊的放牧需要，将畜群分为走敖特尔群、紧急抓膘群等。走敖特尔群是指当遇到灾害时，除老弱病残牲畜，其他畜群为获得可利用草场而组成的畜群。而紧急抓膘群是指从夏初至小满节气之后，除产奶牲畜，其他牲畜组成一群，到返青相对早点的草场尽快、尽早抓水膘。在很多时候，分群管理不是出于牧民自身的需要，而是根据牲畜特点和草牧场情况来划分，是牧民对牲畜自然属性和草场生态特点的能动性反应，并把它转化成牧民的思想观念，在实践中不断运用和完善。

2. 适宜性放牧

在传统草原畜牧业生产体系中，牧民会根据牲畜对不同环境的适应性、采食习惯、生产特点等，来选择不同的草牧场和不同的放牧方式。比如根据牲畜对不同环境的适应性选择不同的放牧场：马适合放养在以禾本科植物为主的高岗草场；牛适合放养在以芨芨草为主的谷地草场；绵羊适合放养在以细嫩草为主的平坦的草原；山羊适合放养在以灌木丛为主的土壤层薄且植物稀疏的荒漠戈壁草地；骆驼则适合放养在以纤维多的植物为主的沙地或干旱的戈壁滩。从牲畜的采食习惯看，马习惯在草低且密度高、植物种类多的草场采食，并不愿在其他牲畜踩踏过的草场采食；牛习惯在草高的草场采食，且不停地走动；骆驼喜欢吃其他牲畜不愿吃的粗纤维含量较高的、咸或碱味的植物；山羊喜欢吃戈壁或岩石上生长的灌木丛的叶枝；绵羊则喜欢在牧草细、矮且密度高的，植物种类多的草场采食。

而从牲畜的生理或生产特点看，马四肢长却筋多、肌肉少，因此能量消耗不多；牛吃得多且必须用舌头卷着吃，对草场要求较高，因此一旦遇到雪灾，牧草被雪盖住，牛就最早遭灾；骆驼是耐饥饿的牲畜，即使是几天不吃也能役用，三四天喝不上水也照样采食；绵羊脂肪多、毛厚且密，因此抗寒性特别强；山羊繁殖能力特别强，只要在正常年景其接羔率能达到95%以上。

从季节分布上，春季山羊最好放牧在有岩石的草场，夏天放牧在岩石少、较开阔的山坡、荒漠或沙地；夏天要延长放牧时间，早出晚归，晚上在有碎石子的野外休息。春季绵羊最好在阴凉地放牧，夏、秋季在丘陵或台地放牧，尽量不要放养在低洼地或过于湿润的草场上。其他牲畜在四季营地上除上述外无特殊要求。而在放牧过程中，适当控制山羊的到处走动，不要惊吓绵羊，不能骑马赶驼群，尽量控制马群头马，牛最好固定在芨芨草多的草场。适应性放牧，是传统草原牧业生产中最关键部分。不均衡的草原生态条件和不同的牲畜种类决定草牧场在时空分布上的差异性，而牲畜也有不同的采食习性和需要，两者的结合必定要求相互适应，只有互相适应才能使两者的效益最大化。

3. 分季度放牧

在传统草原畜牧业生产体系中，牲畜膘情好坏与年景、季度变化、牧草长势和营养价值直接相连。在长期的生产实践中，牧民敏锐地发现其中的关联，并总结出对应的放牧策略。比如：春节放牧主要重视牲畜的体质恢复。虽然正常情况下大多数牲畜能够安全过冬，但也有少数体质差的弱小病畜。因此，到了春营地把体质较好的牲畜放牧到有鲜草，离水、碱较近的草场，把体质较弱的牲畜放牧在离营盘较近的草场，并适当给予饲草使其恢复体质。

到了夏营地，虽然各种牲畜的采食喜好不同，但总的来说放牧于牧草长势较好、长有沙葱等水分较高植物的平原地或梁地，并选择离河流、水泡等水源点较近的草场。早晨出牧时，选择上坡、迎风方向。晌午时少许赶牧，活动筋骨，有利于牲畜健康、抓膘。小畜营盘要勤换，这样既抓膘快，奶水好，也有利于牲畜健康。夏季一般一天饮两次水，一周舔一次碱。这样在草、水、碱适当的情况下，牲畜抓水膘较快。如果夏季雨水少，植被稀疏，牲畜没能抓上膘，就要考虑走敖特尔。

秋季一般重视抓油膘。正常情况下，到了秋季牲畜相对稳定且分散，躺卧反刍次数变多，喜欢迎风而牧。各种牲畜膘情一般表现在马的肩部、牛的臀部、绵羊的尾部、山羊的颈部、骆驼的双峰。秋季抓膘时，不宜把牲畜急赶、惊动、过度骑用，不宜过早赶进棚圈，否则容易掉膘。

冬季则注重保膘。足够膘情（夏季水膘、秋季油膘）的牲畜，一般都能安全过冬。但夏秋季节遇到特殊灾害，没能及时抓膘的牲畜就会出现严重的体弱、掉膘现象，特别是遇到极端寒冷天气或雪灾时，这时草原"五畜"各自会有明显的体质表现。这时牧民要勤于观察，并及时给予"特殊待遇"，如单独成群、走敖特尔、添加饲草料、灌骨汤、添加盐碱等等。分群、分季节、适应性放牧是传统草原畜牧业经营管理的核心，它遵循了大自然的生态法则，也发挥了游牧民掌握自然规律、生物特点的主观能动性，是自然规律与人类认识的高度结合。

第二节 草原畜牧业变迁带来的变化及比较

新中国成立后,特别是草畜双承包后草原畜牧业生产进入了新的发展阶段。与传统草原畜牧业相比,今日草原畜牧业发生了一些变化,如草畜双承包后牧民生产积极性空前高涨、远距离大范围游牧无法实现、互助体系逐渐被打破而一家一户经营模式盛行、牧户可选择的草场面积和种类空前减少、市场对畜产品的需求日益猛增、牲畜品种和畜种结构发生变化、现代科学技术和科学理念广泛应用、牧民市场意识逐步强化,等等。

一 草原畜牧业变迁带来的变化

(一)草牧场保护和利用方式中的生态文化形态发生了变化

草牧场是经营发展草原畜牧业的基础。作为草原畜牧业的经营主体——牧民和社会管理者从未停止过对草牧场的有效保护和合理利用的努力,并在其所处的时代背景下也起到了应有的作用。

1. 保护草牧场

传统草原畜牧业生产中的保护草牧场的习俗、习惯、理念和行为规范仍保留在多数牧民当中。草原牧民保护草原植被、草牧场土壤、草地野生动植物资源和水资源的生态观念依旧保持着。然而,在现代草原畜牧业生产经营中这些却更多地体现在工程性保护方面,如人工半人工草场、围封草场、封育、种植多年生牧草、建设草库伦等。

2. 利用草牧场

草畜双承包带来草原畜牧业生产方式的改变,同样带来草牧场利用方式的改变。

常年定牧和季节性轮牧:草场经营权的承包使得远距离大范围的游牧不再可能,甚至有些牧户所承包的草场面积过小,小范围的轮牧也难以实现。于是,很多牧民开始定居,牲畜常年在同一块承包草场上不断采食、反复践踏成为必然。常年定牧几乎成为现代草原畜牧业利用草牧场的主要方式。当然,有条件的牧民选择了承包草场内的季节性轮牧,有的分成四季草场，有的分成三季或两季草场，想尽办法保护草场，保持牲畜与草场之间的动态平衡。这种季节性轮牧，除极少数地区外，更多地形成草场面积上的机械式分割，而不再是传统意义上的根据草场之间的气候、牧草、地形、降水及盐碱程度等特点分成的四季营盘，他们也没有更多的调剂余地。然而，这也对保护草牧场起到了应有的效果，充分体现了季节性轮牧对合理利用草地资源、保护草原生态的积极作用。

地方政府或更高层的管理机构也提出了划区轮牧等基于现代科学理论和实践之上的利用方式。但由于对蒙古高原干旱半干旱生态系统的生态属性的认识不充分，这些利用方式至今没有得到广泛的应用。

走敖特尔：作为躲灾避灾的有效方式，走敖特尔的利用方式一直被应用到现在。每当在出现水草不够或遇到自然灾害等特殊情况下，牧民会选择走"敖特尔"的方式解决缺水缺草问题，进而缓解承包草场的压力。当然，与传统游牧生产时期不同，现在的走敖特尔只是躲灾避灾性质的敖特尔。很少有自己承包草场内部的轻便敖特尔，更多的是为躲灾避灾而举家搬迁至能找到可利用草场的地方。因此，走敖特尔的距离可能是很远，或很近，时间可能很长，或很短，这既要取决于灾情，更要取决于牧户的社交能力、资金和牲畜规模。

租赁草牧场：草牧场承包到户后租赁草牧场行为较为普遍，特别是近几年随着草原退化现象加剧，草牧场租赁成为牧户缓解草场压力、发展草原畜牧业的有效途径之一。虽然有些牧户在租赁草场的利用方面存在过度利用、超载过牧现象，但多数牧民还是按照草畜平衡制度在草场载畜量范围之内合理利用租赁草场，也有些牧户为季节性轮牧而租赁大面积草场，从而有效保护了承包草场及租赁草场，取得了应有的经济、生态效益。

休牧、禁牧：随着牧区人口的不断增加，草原区域几乎不存在无人利用的草场，也很少存在永久性禁牧区域。因此早期游牧生产中的撂荒，或永久性禁牧现象很少发生，取而代之的是牧民自行休牧或政府强制性的休牧、禁牧。休牧是指为了保护牧草繁殖、生长，恢复现存牧草的活力，在一年周期内对草地施行一至数次短时间的停止放牧利用的措施。其理论基础是在植物生长发育的特殊阶段解除放牧家畜对其产生的不利影响，从而保证和促进植物的生长和发育。休牧时间视各地的土地基本情况、气候条件等有所不同，一般为2—4个月。休牧时间一般选在春季植物返青以及幼苗生长期和秋季结实期，有特殊需求时也可在其他季节施行。春季休牧一般从每年的4月初开始到6月中旬结束。而禁牧则指长期禁止放牧利用，是一种对草地施行一年以上禁止放牧利用的措施。一般是在生态脆弱、水土流失严重或具有特殊利用方式（如割草场）的草场进行禁牧。禁牧的期限是以年为单位，以一个植物生长周期（即一年）为最小时限。视禁牧后植被的恢复情况，禁牧措施可以延续若干年。禁牧的目的是解除因放牧对植被产生的压力，改善植物生存环境，促进植物（恢复）生长。从休牧、禁牧政策设计看有很深的科学依据，甚至与游牧生产中的轮牧和撂荒颇有相似之处，应能对草牧场的恢复和保护起到一定的积极作用，但从实施的效果看却不尽如人意。

打草：不管是传统草原畜牧业，还是现代草原畜牧业，打草一直是利用草牧场、补充放牧饲养的有效方式。草畜双承包后，很多地方都留有嘎查或牧户打草场，并按传统管理方式严格管理打草场，尽量不让其退化。然而，由于近些年连续干旱少雨，再加之打草场基本没有轮换休养生息的机会，打草场植物种类减少，并出现不同程度的退化，甚至有些年份根本打不上草。相比嘎查或牧民自留的打草场，一些专用打草场，或原有国营牧场的情况相对好一些。他们经营打草场主要以卖草为主，每年向牧户出售大量牧草。

（二）牲畜放牧管理方式中的生态文化形态发生了变化

草畜双承包制度打破了原有的放牧制度，传统草原畜牧业生产体系中最基本的游牧方式不再适用于新的制度安排。于是牧民的牲畜放养和管理方式也随即改变。

牲畜作价归户时每家每户都分得了几十只羊、二三十头牛、十多匹马、几峰骆驼，真可谓"麻雀虽小五脏俱全"。而承包草场时，很多地方根据牧户人口数量和牲畜头数作为权数围绕水源或营地划分一块草场，有些则按原有四季或两季利用方式划分两到四块草场。然而，一块草场不可能满足草原"五畜"不同的放牧要求，或者适合放羊，或者适合放牛，或者适合其中两种牲畜。再者，每家每户劳动力有限，既不可能掌握五畜不同的放牧技术，也不可能五畜同时放牧。于是，牧民根据常年的放牧经验和自家草场类型，选择性地发展某一种或两三种牲畜。

在放牧方式上，更多地选择定居放牧，即把牲畜散放在自家承包草场，虽说有一定的放牧规律，但由于面积有限，基本没有有效的轮牧。一年四季的反复践踏和牲畜不间断的啃吃，草原生态得不到休养生息的机会。当有些牧户继承游牧放牧方式，分成了两季或三四季草场，或在自己承包的小块草场内自动划分，分季轮牧，虽说面积较小引起的草场整体退化不可避免，但生态状况普遍好于前者，使草牧场生态得到了应有的保护。

二 不同文化形态的比较

合理利用草地资源，保护草原生态系统的生态意识或生态文化形态是草原人民与生俱来的。然而，随着生产方式的转变，其表现形式也发生着变化。

（一）草原利用和保护方式的比较

四季轮牧、分群利用是传统草原畜牧业利用和保护草牧场最有效的方式。游牧人通过数千年的实践，掌握了北方干旱半干旱草原的生态特点，并驯化了适应北方草原环境特点的草原"五畜"，认识自然规律、顺应自然规律、适应自然规律，选择了四季轮牧、游动放牧的生产方式。同时创造了与之相适应的草牧场利用和保护技术，使利用草原和保护草原有机结合，使其成为有机统一体。

然而，在现代草原畜牧业生产方式中草场的细化和定居放牧取代了原有的草牧场利用和保护方式。一方面，在狭小的草牧场范围内很难实行四季轮牧，游动放牧更成为了历史，游牧生产中形成的草牧场保护技术不再适应新的制度安排；另一方面，牲畜的作价归户带动了生产者的生产积极性，加大了草原的利用强度。于是，即使是生产者的草牧场保护意识进一步强化，但是利用意识的强化却远远超过了保护意识，草原的利用和保护不再是有机统一体，而是成了发展的对立面。

（二）牲畜放牧和管理方式的比较

在传统生产方式中通过分群、分季节和适应性放牧，合理解决了各种牲畜在时空上的合理分布，有效解决牲畜与草牧场之间的矛盾。在游牧生产中，每种牲畜一年四季都能在适合自己的草场上，牲畜与牲畜之间很少发生竞争关系；同时每块草场都能够得到充分的利用，牲畜能够采食所需的牧草但不至于使草场退化。在放牧和管理过程中，生产者准确掌握了牲畜与草场的生态属性，并根据其生态规律和生产规律进行合理配置，从而保持牲畜与牲畜、牲畜与草场之间的一种动态平衡。

当然，在现代草原畜牧业生产中生产者也能通过各种方式尽量去满足牲畜生产所需，但草畜矛盾一直是其难以解决的困境。在现代草原畜牧业生产中，草原"五畜"基本处在竞争关系中，这既取决于一家一户的劳动特点，也取决于过于细化的草场分割，同时受制于市场的需求。而定居或散群放牧的最大问题出现在了草畜矛盾上。

三 小结

在传统游牧方式中，生产者更相信，或崇拜自然界的力量，更多地遵循生态规律。他们认为违背自然规律会遭到报应，自然界一切事物都有神灵，只有顺应它们牛羊才会肥壮，人们才会安康。当然，这不等同于没有主观能动性的纯粹迷信，或信仰。在游牧人看来，人只是整个草原生态系统中的一分子，只有认识自然规律、适应生态规律才能得以生存。于是，他们尽可能地去遵循这一规律，即使自己很辛苦，也要保持自然生态系统的平衡，保持牲畜与草场之间的动态平衡。

到了现代草原畜牧业生产中，生产者更相信，或推崇人的力量，更多的从人自身的角度去考虑问题。他们认为人才是世界的主体，自然万物都应为人而服务，是天经地义的。当然，这也不是无限夸大了人的主观能动性，只是更侧重于人自身需求的满足，从而忽视了生态系统的自然规律。于是，他们尽可能地按照既定的目标，去发展草原畜牧业，致力于满足人自身的需求，保持人与牲畜之间的平衡。

今天，这种趋向正在改变。游牧生产的合理性正被更多的人认识和认可，且盲目追求经济利益的做法会受到自然与社会的双重否定。草原生态—畜牧业生产—牧民生活三位一体的草原生态经济系统的整体观念正被人们所接受。

在未来发展中，应不断提高全社会对草原生态系统自然规律的认识，进而提高全民环境保护意识；建立健全草原生态各项保护的法律法规，最大限度地减少资源开发对草原环境的污染与破坏；不断提高各级政府、企业、单位及民众预防和治理草原破坏、环境污染的积极性，施行绿色GDP的统计、评价与考核[①]，从而使全社会形成良好的保护草原生态、治理草原环境的社会氛围，使现存的草原环境问题得到有效解决，草原生态得到有效的恢复和治理。

[①] 巩芳、盖志毅、长青：《论保护草原生态与内蒙古经济持续发展》，《农业现代化研究》2008年第29期。

第五章　达茂旗草原畜牧业现行政策评价

第一节　草原畜牧业现行政策概述

从2008年开始，达茂旗对2357万亩天然草场实行了全面禁牧10年的政策，到2011年已经对全旗6个苏木镇39个嘎查实行了全面禁牧，也就是对所有明确草牧场权属的嘎查全部禁牧。

政策实施以来，达茂旗不断强化环境整治和草场植被恢复工作，积极落实草原生态保护补助奖励政策，积极推进生态文明建设。2008—2010年，禁牧草场补贴标准为4.8元/亩，2011年增加到6元/亩，2014年又增加到6.5元/亩；对人均草场补贴不足5000元的，均补足5000元；对60周岁及以上的禁牧牧民，每人每月发放200元生活费；对全日制普通高中就读的学生，每人每年补贴生活费1000元；对全日制普通高等院校就读的学生，专科生每人每年补贴生活费3000元，本科生每人每年补贴生活费6000元，直至毕业。同时，还对牧民进行生活生产资料和牧草良种补贴，2011年生活生产资料补贴为500元/户，2012年增加到800元/户，全旗每年生活生产资料补贴达到529.6万元，有6500户牧民享受到生活生产资料补贴的实惠；2012年开始对30.32万亩草场进行良种补贴，涉及补贴户18976户，补贴资金达到556万元。此外，对45—59周岁参加养老保险的牧民给予缴费补助，每年500元/人，对转移安置的牧民水电暖进行补贴，平房每年600元/户，楼房1000元/户。对自愿搬迁转移的牧户，发放转移安置费1万—3万元。到2014年共转移安置5696户，转移到第二、第三产业的人员6069人。与此同时，兴建移民新村，到2014年年底，已投资17803.7402万元，建设10个移民新村，平均每户投资12万元，建设60平方米/户住房。到2017年年底，已有1.1万农牧民进城落户。同时，达茂旗出台转移牧民创业就业、培训、贷款等一系列补贴政策，有效推进牧民转移安置工作，使禁牧牧民基本生活得到了保障。

在贷款方面，为支持牧民转移就业进行自主创业和发展生产，政府出面担保，每人可申请5万元贷款，到2012年已有539人得到了小额自主创业贷款。

在再就业方面，旗政府积极实施创业就业培训，发放小额担保贷款扶持禁牧牧民自主创业，到2015年年底，累计实施创业就业培训1.2万人（次），发放创业贷款1.3亿元，扶持1089人成功创业。每年还要召开8—10场劳务洽谈会，为企业和求职者搭建起就业服务平台，使农牧民转移就业稳定在2万人以上，被自治区命名为农村牧区劳动力转移就业示范旗，旗就业服务局被授予"全区农牧民工工作先进集体"荣誉称号。

经过多年环境整治和恢复，到2014年达茂旗草原已恢复草场面积达到67.5万亩[1]，在牧民新村周边绿化面积达到1020亩，在牧民迁出区和迁入区推进绿化工作，在迁出区开展草原植被恢复工程。到2016年达茂旗禁牧区草群高度达到27.2厘米，平均盖度为27.7%[2]，比禁牧前2007年草群高度增加了15.3厘米，平均盖度增加了10.7%。

第二节 草原畜牧业现行政策效应评价

一 草原生态得到了一定恢复

如上文所述，截至2007年年底，达茂旗全旗天然草原沙化、退化面积达到1418.7公顷，占草原总面积的85%、土地总面积的78%[3]。其中，轻度和中度退化占的比重较大，分别占66.1%和31.7%（重度退化的比例并不是很大。风蚀沙化严重，土壤水蚀问题突出，植物稀疏低矮，品质下降，载畜量降低，单位面积的草地畜产品能力也随之下降）（详见表5-1）。

---

[1] 包头政府网：《达茂旗生态脆弱地区移民搬迁工程取得"六个方面"显著成效》，2014年12月11日。

[2] 数据来源于《达茂联合旗2016年草原监测报告》。

[3] 数据来源于新华网：《达茂旗发力筑牢北部边疆绿色生态屏障》，2013年4月19日。

表5-1　　　　　　　　达茂旗退化草地面积统计

年份	退化草地面积（公顷）	占草地面积的比例（%）	轻度退化比例（%）	中度退化比例（%）	重度退化比例（%）
1975	622.081	39.4	70.1	20.1	9.9
1982	644.457	42.2	60.8	31.4	7.8
1986	687.717	45.3	44.4	31.8	23.8
1999	644.277	48.3	60.29	31.39	7.82
2003	618.253	46.4	66.1	31.7	2.04
2010	958.30	71.95	52.60	18.32	16.87

实施全面禁牧后，2008年达茂旗禁牧区草群平均高度达到14.4厘米，个别地方达到40厘米，平均盖度达到27.9%，较上年提高了5.7个百分点[①]。2009年、2010年受季节性干旱和降水量的影响，草群高度和平均盖度都有所下降。2011年草群平均高度较上年增加了15.9厘米，平均盖度较上年提高了6.9个百分点，天然草原冷季可食牧草储量14761.55万千克。2012年以后，达茂旗政府从草原畜牧业发展和牧民生计和文化角度出发，适当地放宽牧民饲养牲畜的数量，草群平均高度和平均盖度有所下降。到2016年草群平均高度和平均盖度达到近十年的最高值，分别为27.2厘米和27.7%，天然草原牧草干草平均单产达到42.9千克/亩，牧草生长高峰期干草总产量达到9.56亿千克，天然草原冷季可食牧草储量达到23447.57万千克，比2014年多5575.28万千克，适宜载畜量达到57.19万羊单位，比2014年多11.36万羊单位（详见表5-2）。但与自治区2016年年初草场植被平均盖度的43.8%相比，还有16.1%的差距。

表5-2　　　　　　不同年份达茂旗天然草原牧草产量

类型＼产量年份	平均单产（千克/亩）				牧草干草总产量（万吨）				
	2008	2013	2014	2015	2008	2013	2014	2015	2016
典型草原	105.1	55.63	49.5	20.4	56.43	31.37	34.74	14.32	56.2
荒漠草原	48.1	31.69	34.5	20.0	55.34	36.46	37.67	21.84	31.5
草原化荒漠	63.4	18.36	27.9	16.4	18.21	5.27	7.63	4.49	28.1
低平地草甸	139.9	100.7	145.1	75.6	16.72	11.96	23.57	12.28	86.6

① 数据来源于2011年、2012年、2013年、2014年、2015年、2016年内蒙古33个牧业旗天然草原冷季可食牧草储量及适宜载畜量的通报。

（续表）

类型	产量年份	平均单产（千克/亩）				牧草干草总产量（万吨）				
		2008	2013	2014	2015	2008	2013	2014	2015	2016
合计		70.1	41.41	43.8	22.8	146.7	85.06	103.62	52.92	42.9

注：数据来源于达茂旗历年的草原监测报告。

其间，为促使草原生态恢复，达茂旗做了大量工作。如每年落实生态补奖资金1.27亿元，进行节水灌溉工程，累计打灌溉机电井3780眼，发展灌溉面积32万亩，开展植树种草等活动。2012年达茂旗在牧区发展节水灌溉饲草地建设项目，建设高效节水灌溉饲草地11000亩，其中半固定式喷灌面积4821亩，膜下滴灌面积6279亩。2013年又投资500万元，在牧区发展节水灌溉饲草地建设项目，新增滴灌面积4000亩，半固定式喷灌面积3522亩，滴灌面积3478亩，全部为节水改造面积。2014年又将生态补奖资金每亩提高0.5元，建成高效节水灌溉示范区4个，新增、改造灌溉面积5.4万亩，年内完成城镇周边等重点区域绿化1万亩，栽植苗木252万株，实施京津风沙源治理和公益林补偿等生态项目135.4万亩。2015年又新增改善高效节水灌溉面积16万亩，改造新建牲畜棚圈20万平方米，种植有机饲草6.7万亩，并使种植业全程机械化水平达到95%，建成规模化养殖基地30处，使森林覆盖率达到14%[①]。这些工作的开展使天然草原生态得到了一定恢复。我们也可从自治区草原生态环境监测站运用遥感技术对达茂旗草原进行的宏观监测数据中，了解到达茂旗草原生态恢复的效果。

（一）草群高度和草地盖度

从表5-3数据可以看出，不同年份监测点的草群高度和平均盖度。2007年草群高度为11.9厘米，平均盖度为22.1%；2008年禁牧后，草群高度和平均盖度都有所提高，特别是2010年以后，草原生态恢复效果特别明显。2012年3月以后降水量较大，4—7月份降水量达到165.9毫米。2013—2015年降水量减少，牧草平均高度降低，产量减少。2016年6—8月份为牧草生长期，平均降雨量达到192.8毫米，创历年同期降水量的新高，加之3—5月气温较高，水热同期的作用，使牧草生长强劲，植被繁

---

① 数据来源于《2016年达茂旗政府工作报告》，包头市政府网，2016年3月7日。

茂，草群高度达到27.2厘米，平均盖度达到27.7%，处于最佳状态，草群高度比禁牧前的2007年提高了1倍多，平均盖度也提高了25.3%。虽然2013—2015年的监测数据不如2012年，但比禁牧前也提高了很多。

（二）天然草原可利用面积、冷季可食牧草储量以及适宜载畜量

从表5-4数据也可以看出，达茂旗冷季可食牧草储量和冷季适宜载畜量在逐年增加，可利用草地面积也有所增加。2011年可利用草地面积比2008年增加了87.29万亩。2013—2015年受温度和降水量以及牧民返回牧区从事牧业生产的影响，可利用草地面积又有所减少，但2014年由于温度升高和降水量的增加，再加上政府强化草原生态植被的恢复治理，使可利用草地面积达到2229.77万亩，比2008年增加了135.64万亩，草群种数和干草产量都有所增加，天然草原冷季可食牧草储量比上年有所提高[①]。

表5-3　　　　不同年份达茂旗草群高度、平均盖度对比表[②]

年份	草群高度（厘米）	平均盖度（%）	种数/平方米	干草产量（千克/亩产）
2006	9.6	22.8	7.2	37.5
2007	11.9	22.1	7.6	39.7
2008	14.4	27.9	7.8	74.4
2009	11	23.1	8.6	56.02
2010	9.7	18.8	8.2	23.3
2011	25.6	25.7	9.5	54.6
2012	26.5	27	8	64.2
2013	21.7	23	7	41.41
2014	21.2	26.8	6	36.85
2015	21	21	5	22.8
2016	27.2	27.7	9	42.9
2017	11.5	21.6	4—9	22.8

（三）各类型天然草原面积的变化

从表5-5数据统计可以看出，禁牧前天然草原总面积和典型草原面积

[①] 数据来源于历年《内蒙古公布33个牧业旗天然草原冷季可食牧草储量及适宜载畜量》。
[②] 数据来源于达茂旗历年的草原监测报告。

不断减少，草原化荒漠和低平地草甸草原面积有所增加。禁牧后，天然草原总面积、典型草原和低平地草甸草原面积有所增加，草原化荒漠草原面积有所减少。2011年，可利用草场总面积为2119.93万亩，占草场总面积的90%，2014年，可利用草场总面积为2229.77万亩，比2011年增加了109.84万亩。

表5-4　　　　达茂旗天然草原冷季可食牧草储量及适宜载畜量[①]

（单位：万亩、亿千克干草、万绵羊单位）

年份	可利用草地面积	冷季可食牧草储量	冷季适宜载畜量
2008	2094.13	0.8870（休牧区）	21.63
2011	2181.42	1.476	37.85
2013	2181.42	2.0147	51.66
2014	2229.77	2.6	97.52
2015	2181.42	1.685	43.26
2016	2181.42	2.3447	57.19

表5-5　　　　不同年份达茂旗各类型天然草原面积变化[②]

类型\年份	典型草原（万亩）	占比（%）	荒漠草原（万亩）	占比（%）	草原化荒漠（万亩）	占比（%）	低平地草甸（万亩）	占比（%）	合计
1988	820.97	33.3	1231.69	49.9	35.39	1.4	118.8	4.7	2206.85
2000	596.55	25.64	1231.69	49.9	318.9	13.72	132.75	5.71	2279.89
2008	536.93	25.64	1150.43	54.94	287.28	13.72	119.49	5.71	2094.13
2014	701.84	31.48	1091.96	48.97	273.50	12.27	162.47	7.29	2229.77

二　思想观念和生产、生活方式发生变化

达茂旗实行的全面禁牧政策，从思想观念和生产、生活方式上，都对传统草原畜牧业带来巨大的冲击，也使牧民生产、生活方式发生了变迁。当地草原畜牧业经营方式由原来定居游牧转变为小规模的"偷牧""夜牧""移牧"以及"舍饲圈养"等新的方式。"偷牧""夜牧"和"移牧"是全

---

① 数据来源于达茂旗历年的草原监测报告。
② 数据来源于《达茂联合旗禁牧特异生产生活专题调研报告》和相关统计，2012年9月29日。

面禁牧政策所不允许的,但舍饲圈养让牧民离开世代居住的家乡,放弃传统游牧习惯,牧民一时很难接受。因此,就采取"偷牧""夜牧"和"移牧"等非常规方式延续畜牧业经营。

全面"禁牧"政策实施后,达茂旗许多牧民出售了大量的牲畜,牧民经济基础和主要生活来源已不是传统畜牧业经济,而是改为小型的舍饲圈养。舍饲圈养改变了传统游牧生产方式,与靠天养牧的游牧方式相比,它可实现集约化生产,极大提高劳动力,很大程度上能抵御风雪干旱等自然灾害对草原畜牧业的毁灭性影响,增强畜牧业生产稳定性,实现高产、优质、高效的现代化目标。但这一饲养技术能否被牧民所接受,关键取决于政府如何解决好牧民圈养牲畜的饲草料来源,降低牧民饲养成本(因为不算圈舍等基础设施建设,购草料和牲畜防疫需大量投入,无形当中增加了饲养成本),以及解决闲散牧民就业出路,增加牧民收入和转移安置牧户,兴建暖棚、水资源等基础设施的建设,更取决于牧民思想观念的改变。从2012年在达茂旗部分牧民中所做的有关禁牧政策相关调查问卷情况看,97%的受访者拥护禁牧政策,83.8%的受访者认为禁牧有利于草场恢复,也能接受生产、生活方式的改变。这说明牧民从思想观念和生产、生活方式上已经接受全面禁牧政策,也接受定居和舍饲圈养。

第三节　政策实施过程中存在的问题

一　监管执法难

由于禁牧补贴过低,造成监管执法难。从2007年10月实行全面禁牧到2014年,补贴标准变动不大,2007年实行全面禁牧时,每亩草场每年补贴为5元,对人均草场补贴不足5000元的,均补足5000元;对60周岁及以上的禁牧牧民,每人每月发放200元生活费;对全日制普通高中就读的学生,每人每年补贴生活费1000元;对全日制普通高等院校就读的学生,专科生每人每年补贴生活费3000元,本科生每人每年补贴生活费6000元,直至毕业;对自愿搬迁转移的,发放转移安置费1万—3万元。2014年,又将草场补贴增加到每亩每年6.5元,比2011年增加1.5元,而其他补贴没有再增加。2007年至2015年，饲草料价格和生活费上涨幅度远远高于补贴增长幅度。如果靠补贴生活，生活难以维续。这也是造成监管执法难的重要原因，一定程度上影响草原生态保护与恢复。在与草监局干部座谈时，他们反映，禁牧政策是一项好政策，是一件利国、利民的好事，牧民们能接受，但他们在监督执行时，由于达茂草原地广、人稀，人口居住分散，数千米内甚至见不到一户牧民，这给政策的宣传和执行带来了一定的难度。草监局监管人力不足，交通等基础设施严重缺乏，如果严格执行，需要执法人员常年开车在牧区进行巡查。如果严格按照政策执行，每次对查到超载放牧的牧户进行处罚，也只能罚2000—3000元，处罚的次数多了或每次罚款多了，势必影响牧民生活，牧民从心理上进行抵触，就会挨牧民的骂，甚至会受到家人的指责，毕竟牧区也是熟人社会；不严格执行政策，完不成监管任务。因此，处在两难境遇，从而造成执法力度不够和不到位的情况。

除此之外，在执法监管中，有些地方政府部门参与阻挠，也给执法增加了难度。综上所述，执法力度不够和不到位是多种原因造成的，且其后果必然导致草原生态恢复和监管难以达到预期效果。

二 回流现象比较严重

在达茂旗牧民调查中，有66.4%的牧民认为季节性轮牧方式有利于草原保护，58.7%的牧民都想回到牧区放牧，64%的牧民不愿意搬迁到城镇生活，31%的牧民有偷牧、夜牧现象。到2014年年底已有60%的牧民又回到牧区。导致牧民回流原因是多方面的。第一，禁牧补贴标准偏低，不能充分补偿禁牧给牧民带来的经济损失。第二，牧民饲草料种植技术低，不能满足舍饲圈养的需要，而市场上饲草料价格不断上涨，圈养成本支出较大，增加了牧民经济压力，影响其收益。据统计：玉米价格2013年为1.93元/千克，到2014年涨到2.49元/千克，每千克上涨0.56元，同比增长了29.02%[①]。再如以一对成年母羊和羔羊计算，2011年圈养成本为1400元，高出放养成本的1.7倍。这些都是导致牧民重回牧区的直接原因。第三，生态补偿标准没有随着物价变动进行适时调整，单靠补贴生活的牧

---

① 马欢庆等：《2014包头市牧本成本效益分析》，《科技创新导报》2015年第19期。

民，收入增长缓慢，支出增长较快，生活水平逐年下降。第四，补奖政策惠及面不够广，草场较少牧户和无草场牧户，受益较少或没有受益。第五，政府就业信息服务和相关培训不到位，转移就业市场尚未形成，从而加大了牧民转移就业的盲目性和随意性。第六，语言沟通、劳动技能、生活习惯方面存在不适应问题，导致转移就业难，使大多数少数民族牧民往往找不到适合的工作，只能在劳动强度大、工资收入低的岗位上工作，工作稳定性差，生活压力大。特别是45—59岁年龄段的牧民就业更难。

三 出现"上有政策，下有对策"现象

禁牧政策是一项有利草原生态保护和恢复的好政策，对此牧民也认同。但在政策实施过程中，政府要在短期内将全旗6620户19698名牧民全部进行转移、转产、转业安置，实在有许多困难，使许多配套政策不到位，导致政策对象对政策不支持，从而出现一系列问题，致使牧民不得不采取一些应对政府政策的对策。如：政府要求全面禁牧，进行舍饲圈养，但由于养殖饲料不足，牧民只能从自身利益出发，采取"偷牧""夜牧"和"移牧"方式放养牲畜。"移牧"主要以两种方式进行：一是租赁外地草场"移牧"，二是把牲畜出租到外地"移牧"。无论是租赁草场还是出租牲畜，都是暂时的，如果长时间"移牧"，对牲畜主人非常不利。租赁草场需要租赁费，出租牲畜每年20%的羔子也难收回，甚至连基础畜的收回都无法保证。因此，大多数牧民都采取"偷牧""夜牧"的形式。"偷牧"就是将牲畜白天赶到山沟盆地里放牧；"夜牧"就是天黑后，将牲畜放到禁牧的草场上，天亮后再赶回圈内，以躲避监管人员的监管，"偷牧""夜牧"如遇到监管人员少则罚款1000元，多则3000元不等。

在入户调查时牧民们也反映："禁牧五年来，禁牧补贴并没有随着物价变动进行适时调整，现在一亩草场补贴（2014年为6.5元）只够吃一碗面或只够买半捆草（12元/捆），靠禁牧补贴生活，生活水平在逐年下降。圈养饲草料价格在不断上涨，如果只是圈养，饲养成本过高，基本上不赚钱，而且圈养的牲畜，肉质也不好，卖不了好价钱。因此，只能采取'偷牧'、'夜牧'的方式来饲养牲畜，以保障牲畜肉质，来保障其经济利益"。

近年来达茂旗为发展现代畜牧业，提高牧民生活水平，积极探索建立

和完善龙头企业与牧民利益联结机制，不断扩大饲草料种植基地建设，为禁牧牧户发展现代畜牧业提供稳定的饲草料储备和供应。2011年达茂旗牧区产业化园区饲料基地种植饲草达到5733公顷（85988亩），2014年又增加2598公顷（38970亩），但仍然不能满足全面禁牧牧户发展现代畜牧业的需求。据统计，一个羊单位按每天补饲0.5千克的青贮料计算，一个冷季至少需要20000千克，如果一个牧户饲养400只羊单位，则至少要种植0.66公顷人工草场，再加上4公顷天然草场[①]。达茂旗全面禁牧就涉及牧户6620户，如果每户按400只羊计算，至少需要建设30849公顷饲草料基地，才能满足全面禁牧牧户的基本需要。但由于政府投入的资金有限，即使在2014年，饲草料供给也只能达到全面禁牧牧户需求的1/2，再加上季节性禁牧户的需求，使养殖饲料面临严重不足，大量饲草料需要牧民自己解决，这无疑大大提高了负担。

四 惠民政策制定和执行没有充分考虑牧区特点

达茂旗牧区干旱少雨，地域广阔，居住分散，长期以来牧民逐水草而居，季节性轮牧。这些特点要求惠民政策制定和执行必须不同于农区，才能让牧民得到更多实惠。如"十个全覆盖"工程出发点是好的，目的是提高牧区嘎查村公共服务水平，但在实际执行中仍然有许多问题。经过改革开放40多年发展，牧区交通状况得到了很大改善，牧民购买生活物品和子女受教育，都要开车去附近城镇，就连就医，也要到城镇大医院。课题组在对"十个全覆盖"工程调查中了解到，33.1%的受访者认为牧区的"五通"工程（通水、通电、通路、通话、通广播）还不到位，特别是饮用水安全（一些地方现在饮用的还是高氟水）及通话、通广播工程。牧民长期处于流动而分散状态，如果按农区惠民工程建设模式对牧区嘎查村进行街巷硬化、校舍建设、建立标准化卫生室和便民连锁超市等建设，牧民受益有限，达不到项目所要求效果，只会浪费资金和资源，对缩小城乡差别、提高牧区公共服务水平的作用不大。而牧民移民区周围缺少中小学、文化站、卫生院、计划生育服务站、科技服务站等社会基础设施。在调查中，54.6%的受访者认为中小学、文化站、卫生院、计划生育服务站、科

---

① 高新才：《"过牧"的制度解释及治理的制度设计》，《兰州大学学报》2004年第4期。

技服务站等社会基础设施的惠民工程应移到牧民移民区进行。如将此项惠民工程移到牧民移民区，就会让广大牧民群众受益，进而也会提高广大牧民对移民区的满意度。再如惠民贷款期限不符合草原畜牧业生产特点。国家金融机构的农牧业贷款政策，一般是按照农区生产规律制定的，它不符合牧区生产特点。农牧业贷款期限一般为一年，农区贷款当年就可以见到成效。而牧区至少2—3年才能初见成效，如果遇到灾年，三年才能恢复。例如达茂旗为发展奶牛产业，引进西门塔尔牛，向农业开发银行贷款2000万元，计划2008年至2010年牧户集中精力发展奶牛，2011年应收回本金和利息共计997.8万元。但因连年遭受自然灾害，畜牧业生产成本进一步加大，再加上牧民不会饲养西门塔尔母牛，母牛大批死亡，牧民损失惨重，大多数牧民无能力偿还购牛贷款资金，到2011年只收回155万元。除此之外，贷款额度偏少，不适合畜牧业生产。据了解，一般银行每年只贷给每个牧户5万元，当年要归还。5万元除了10%的风险保证金和利息，牧民能拿到手的钱也只有4万多，贷款对促进畜牧业发展的作用不是很明显。

五 没有出台促进牧业合作社发展的专项政策

这几年政府积极鼓励、促进牧民合作社联营，牧业专业合作社在数量上增长也很快，政府在项目上也予以优先支持，但真正能够形成规模、见成效的却很少，这主要是：

（1）政府在牧民合作社管理上，缺乏政策性指导和服务。现在牧业合作社培训和服务特别多，但大多数讲的是国际牧业合作发展先进经验，不切实际，不能因地制宜，缺乏地方特色和针对性。

（2）"双权一制"与合作社规模化经营之间存在矛盾，国家和自治区没有出台解决这一矛盾的对策。"双权一制"是以家庭经营为基础，草场界线非常清晰，个人经济利益也非常突出。而合作社发展方向是联合经营，走集约化、规模化发展之路，进行四季轮牧，不需要各户之间清晰的草场界线，这就使牧民个人利益与合作社集体利益之间存在矛盾。

（3）融资渠道过于狭窄。合作社融资一般只是社员自筹、入社股金、自我资本积累，很少能得到金融贷款。如果合作社进行贷款，只能以合作社成员个人名义贷款，这样势必影响到牧民自家畜牧业经营活动，这就造成牧民专业合作社发展流动资金短缺。

六 思想引导和相应配套措施滞后，致使出现了一些社会问题

1.在生态移民实施过程中，政府有关部门忽略了牧民思想认识和观念转变上的问题。生态移民后，大多牧民都要接受发展舍饲畜牧业，这就使长期发展放牧畜牧业的牧民，从心理上产生抵触、困惑和不适应。

2.执行过程中存在短期行为，不能循序渐进地，有计划、有步骤地实施，特别是许多配套政策衔接不到位，进而影响移民政策的落实。在调查中了解到，20.5%的受访者认为移民区住房条件太差，71.7%的受访者对移民区的社会环境不满意，70.6%的受访者对移民区的自然环境不满意。这说明移民在移民区居住，内心缺乏归属感，使许多迁出者又纷纷返回牧区，没能真正实现"搬得出、稳得住、能致富"的移民要求。

3.迁出区生态恢复、管理滞后。移民迁出后，地方政府不能很好地将搬迁与环境治理有机结合，致使草场无人管理。一些不法企业和个人趁机在迁出区进行盗挖草场或违规建设小焦化厂、小药厂、小陶瓷厂和小硅铁厂等，使草原生态遭受更加严重的破坏。特别是边境地区，由于处于无人管理状态，影响了区域安全和稳定。

4.政府保障、服务体系滞后，就业市场不完善，就业信息不畅，转移安置资金不足等等。

第一，政府与牧民就业互动性较差。政府培训部门缺乏与转移就业牧民的互动，对牧民就业意愿了解很少，虽然主观愿望希望能尽快安置生态转移牧民，但往往就业安置和培训与牧民意愿相背，针对性较差。因此，政府在推广实用新技术培训中，常常出现了一头热一头冷的现象，致使安置与培训难以达到预期效果。第二，安置牧民就业的引导产业缺乏积极的、多样化的政策支持。在调查中了解到，57.6%的受访者认为政府对移民引导产业缺乏积极的、多样化的政策支持，使当地企业对牧民转移安置缺乏热情和社会责任感。再加上牧民本身科技文化素质偏低，可选择就业致富的门路少，从而造成移民增收效果较差、反贫困效果差，没能真正实现"居有所业，富有所业"的目标。

禁牧后，转移到城镇中的牧民，由于语言沟通能力差、劳动技能低，找不到合适的工作，特别是45—59岁的牧民，找工作难上又难。因此，只能靠各种补贴生活。由于补贴低和社会保障水平低，牧民抗风险能力也较弱，当家庭中遇到重大事故时，往往就会产生矛盾，甚至离婚。甚至一部分人还将遇到的问题归咎于政府，不断上访，从而使社会犯罪率、离婚率和上访率不断攀升，一定程度上影响了社会和谐稳定，加剧了社会矛盾。

第四节　完善现行政策的建议

草原畜牧业是游牧民族在长期生产和生活中，根据地理环境、季节变化和草地资源承载能力等一系列自然条件，做出的适应自然生态环境演变规律的合理选择。不同时期的草原畜牧业经营方式对自然再生产和植物生长有着不同的影响，不同的经营方式也影响着草场利用率和牧场演替规律。传统草原畜牧业经营方式是按照自然规律，靠天养畜，逐水草而居，季节性流动游牧，畜牧业生产结构的调整是在客观规律支配下自发地实现的。这种游牧生产方式，虽然有其自身的局限性与脆弱性，但就其对当时历史时期的生产力发展水平来讲，它是最先进的、最符合生产力发展水平要求的一种生产方式，它合理、有序地利用草原资源，有效地保护草原生态资源，使草原资源得到永续利用。从达茂旗草原畜牧业发展变迁历史过程中，我们可以看出，当畜牧业政策制度符合草原畜牧业发展规律时，就能较好地促进畜牧业的发展，反之就会阻碍畜牧业的发展。因此，科学地总结草原畜牧业发展经验和做法，评定现有的草原畜牧业发展政策制度，对今后按照客观规律办事，全面应对经济发展和草原生态环境变化，正确把握处理好各种关系问题，调整畜牧业产业结构，加大政府扶持力度，促进现代草原畜牧业发展，具有非常重大的意义。

草原生态恶化已成为不争的事实，如何减缓草原退化速度，避免荒漠化不断蔓延，增加植被覆盖率，这是达茂旗草原畜牧业未来发展急需解决的问题。为解决好这些问题，就需对不同历史时期达茂旗草原畜牧业发展经验和教训进行科学的总结。在深刻总结经验和教训的基础上，深入了解草场现实状况，并对草场生态恢复情况、生态效用进行科学评估，并不定期界定什么样的草场需要长期禁牧，什么样的草场需要休牧、轮牧，来研究和制定一系列科学方针和政策。

草原生态保护建设是维护国家生态安全、应对全球变暖的重要措施，也是事关民族团结和边疆稳定的大事。回顾达茂旗草原畜牧业近七十年的发展历史，我们应该进行深刻反思，反思我们制定的哪些政策制度促进了草原畜牧业生产的发展？哪些政策制度破坏了草原生态系统的良性循环，对草原生态退化过程起到了推波助澜的作用？哪些政策制度导致传统游牧生产方式和经营方式发生了改变，进而改变了牧民文化形态、生活习俗。通过深刻的反思，我们才能顺势应变，推进制度创新，提出治本之策，才能提高政策实施的效能，从而更有效地遏制草原生态恶化态势。

一 树立正确政绩观，做好政策制度的科学论证工作

牧区政策制度的制定者，要树立正确的政绩观，要深入牧区，进行细致调查工作，了解草原畜牧业发展规律和广大牧民切实需要，广泛听取广大牧民、基层干部和专家学者的呼声，从牧区实际出发，按照草原畜牧业客观规律谋发展、定政策，杜绝由决策者偏好和有限理性，造成牧区政策某种程度的随意性和变化性。尽快形成相关利益群体和专家学者作为政策间接主体的政策制定系统模式，做好政策可行性论证分析，做好政策的风险评估工作，反对"以模仿取代创造，以照搬取代探索"的发展政策制度，只有这样才能保证政策制度的科学性。

历史教训已无数次证明，照搬照抄农区发展政策制度，必然阻碍草原畜牧业的发展。例如民主改革初期，牧区简单套用了农区政策制度，实行划分阶级，斗争牧主，平分牲畜，结果造成牧主恐慌，大量屠宰牲畜，畜牧业生产受到严重破坏。再如草畜双承包责任制，牧区简单套用了农区双承包责任制，没能汲取游牧生产的精髓和合理成分，从而导致"公地悲剧"和"围栏陷阱"，破坏草原生态系统多样性和草原动植物的生物链，造成草原生态系统管理碎片化，没有时间休养生息，影响草原生态系统的稳定性。牧区生产发展这种耗竭式政策，必然导致草原沙漠化、荒漠化愈来愈严重。因此，科学论证是保障政策能否贯彻执行并取得效果的关键。

二 细化生态移民安置工作

生态移民工作是一项复杂系统工程，涉及面广，牵动部门多，需要多个部门联动才能完成。因此，搬迁必须事先做好生态移民搬迁准备工作，细化相关工作内容，避免因搬迁而造成移民更加贫困。如在促进就业方面，加大转移牧民创业资金扶持力度；优化迁入区产业结构，积极发展现代畜牧业，为转移就业提供产业支撑。在牧民生活方面，做好住房保障、供水需求、养老保险、医疗保障、子女教育、社区管理服务、周边环境绿化等工作。在生产方面，利用好退牧还草、移民搬迁等项目资金，扶持生态移民，按照现代企业生产要求和方向，逐步建立和形成"企业+基地+牧户"的订单畜牧业合作生产模式，以实现移民增收。在税收和惠民补贴方面，对生态移民有所倾斜，减免相关税费，增加牧草良种补贴、农机补贴、牲畜良种补贴、动物强制免疫补贴、柴油补贴等等，通过补贴，提高生态移民发展畜牧业的积极性。综上所述，只有通过大量深入细致的工作，才能真正帮助生态移民走上脱贫致富奔小康之路。

三 建立和完善补贴标准的适时增长机制

国家禁牧补贴的出发点是满足禁牧区牧民基本生计需求，但随着禁牧时间推移，国家禁牧补贴增长不能与物价浮动同步，影响了牧民基本生计。因此，应建立禁牧补贴与物价水平相适应的适时增长机制，如2010年我国通货膨胀率为3.30%，2011年通货膨胀率为5.40%，禁牧补贴就应与之相适应增长3.30%和5.40%，或稍高一些，这样既可以避免因禁牧补贴增长过快，给牧民生产积极性带来的负面影响，又可使牧民不会因禁牧、保护草原生态而蒙受经济损失。同时，还应加大对畜牧业生产的"造血型"补贴，如牧草良种补贴、农机补贴、牲畜良种补贴、动物强制免疫补贴等，不断提高畜牧业科学饲养水平，使牧区畜牧业生产发展逐步形成自给自足的草原生态经济发展模式。

四 要让牧民从惠民政策中真正得到实惠

首先，惠民政策一定要以人为本，情系牧民，要从牧区特点出发，改善牧民生活，真正解决牧民面临的危难，要让牧民真正得到看得见的实惠，从党和政府的惠民政策中真正感受到关怀和温暖，能够享受到国家发展和改革开放带来的成果，从而提高社会和谐程度。其次，要广泛宣传党和政府的惠民政策，让广大牧民有知情权、参与权与监督权，通过牧民的全程参与，保障与维护自身民主权利。最后，强化惠民政策落实的监督查处工作，建立专项检查制度，防止一些地方在落实惠民政策时，办事拖拉、效率低下，甚者违背党的惠民宗旨，将党的惠民政策变成小团体利益，从而严重损害广大牧民利益。

五　相关政策的制定应充分考虑草原畜牧业生产特点

我国的农牧业政策，大多是根据农业特点制定的，它符合农业发展规律，但不一定符合草原畜牧业发展规律。因此，在政策执行中，应充分考虑草原畜牧业生产的特点。如，国家农业贷款政策，贷款期限一般为一年，如能针对草原畜牧业生产特点，将贷款周期延长到三年，就会极大地调动牧民生产积极性，促进草原畜牧业生产的发展。再如草原生态保护政策的制定，要以保障改善牧民生计为根本出发点和落脚点。树立草原生态优先的理念是非常正确的，但也应清醒地认识到畜牧业是牧民赖以生存的产业，不能把草原保护与牧业增效、牧民增收对立起来。如果只是单纯地进行草原生态保护，强制或半强制地将牧民全部从原居地迁出，是不符合自然、经济、社会、文化发展规律的。大量的科学研究证明，草原上的生物链不能断，适度的牲畜采食是草原恢复不可或缺的前提条件。事实也证明，在短时间内将牧民从草原上全部迁出，既不能很好地解决牧民生计问题，也不能解决草原的可持续保护问题。

第五节　推动草原畜牧业产业化发展的探索

达茂旗发展畜牧业产业化、规模化、集约化的优势是乳、肉、绒加工工业，这三大产业发展是以区域优势和草场资源优势为依托的。近年来达茂旗草原沙化、退化现象比较严重，全面禁牧已经执行十余年。草原生态沙化、退化与禁牧，一定程度上影响了引进外资进行畜牧业产业化、规模化和集约化经营。然而达茂旗全旗上下仍在艰难中稳定、有序地推进畜牧业产业化、规模化、集约化，并取得可喜成效。为推进畜牧业产业化、规模化、集约化经营模式，达茂旗积极推进"公司+合作社+牧户"的畜牧业产业化经营模式，全面启动牧区产业化园区、饲料基地和畜牧业标准化建设，积极鼓励牧民进行合作经营，组建牧民专业合作社和家庭牧场，参与规模化养殖。

从2014年开始，达茂旗围绕地方优势特色产业、产品和服务，以标准技术为支撑，以提高全社会标准化意识为主线，全方位、深层次推进标准化工作。2016年10月，争取到国家第八批农业标准化示范区项目"达茂草原有机牛羊养殖加工综合标准化示范区"，并顺利通过国家标准委的验收。这一项目使示范区企业实现增收5500万元，使项目区1500多户牧民户均增收2万元以上，使300多名从事有机加工的牧民人均年增收1万元以上[1]。同时，积极推广订单养殖模式，引导养殖户与蒙灵食品公司、蒙羊公司和小尾羊公司等企业合作，以希勒德格肉羊良种繁育基地为核心，以家庭牧场为抓手，养殖符合市场需求、适合本地饲养的肉羊品种。走草原优势畜产品品牌化经营致富之路，积极争创品牌，不断扩大品牌总量、提升品牌质量，通过品牌赢得市场。近年来，先后在6个纯牧业苏木镇建设了生态移民产业化园区，在边境线向南1772平方千米范围内建立了生态家庭牧场。到2012年年底，已建成草原生态家庭牧场20个，万头肉羊养殖基地2处、千头肉羊养殖基地30处、千头肉牛养殖基地2处、奶牛托管中心8处，并在各苏木镇成立了专门的园区综合管理服务组织，全面服务于产业园区，进行种植—养殖—加工—销售全产业链条延伸。2013年又先后成立农牧业专业合作社96个，入社农牧民1200余户，流转土地11.6万亩。启动兴建10个牧业产业化园区，新建牲畜棚圈3.8万平方米、青贮窖2.4万立方米。2014年已有23个牧区产业化园区发展舍饲畜牧业。同年，开工兴建万只肉羊纯繁基地，新建棚圈9处，青贮窖960立方米，储草棚600平方米，完成人工授精配种绵羊3000只，完成肉羊胚胎移植300枚；还从农牧业部门抽调选派8名畜牧技术人员，分两组对园区内118

---

[1] 屈鹏：《达茂旗实施"标准化+"战略行动成效显著》，《中国质量新闻网》2018年1月23日。

户养殖户购入或包养的3855只母羊养殖情况进行了检查指导，以提高牧民舍饲养殖的质量。与小尾羊公司签订了促进后续产业发展合作协议，与园区内66户农户签订了承包协议，启动兴建6个肉羊示范园区，定向收购4200只。建成1处国家有机牛羊肉养殖加工综合标准化示范区，申报注册农畜产品商标26件，到2017年达茂牛羊肉等农畜产品已走进了全国许多大中城市的超市，北京、上海、广州、天津、成都等地直销店就有29家，销售达茂旗9大系列36个品牌377个单品[1]。上海一地就有8家连锁超市和138个餐饮企业销售达茂牛羊肉[2]。2015年全旗农牧民专业合作社已达到586个，其中，畜牧业合作社272个，示范专业合作社达到25家，改造新建牲畜棚圈20万平方米，种植有机饲草6.7万亩。同时，旗政府积极探索构建龙头企业与农牧民利益联结机制，组建"众惠盛""德彪"等40个专业合作组织，培育市级龙头企业达17家，树立草原优势品牌，如"达茂草原羊""毕力格泰""万禾"被评为包头市知名商标。毕力格泰、蓝色牧野在上海股权托管交易中心挂牌。2016年达茂旗国家有机产品认证示范区得到了批准，自治区每年将给示范区5万元扶持资金，推动延伸有机产业的发展。到2018年年初，达茂旗已成为全国最大的有机牛羊生产区，畜禽规模养殖场达到884家。

---

[1]　《草原羊成为达茂旗农牧业招牌》，《内蒙古新闻网》2017年4月9日。
[2]　数据来源于达茂旗政府工作报告。

第六章 达茂旗草原生态旅游业刍议

　　随着草原畜牧业的发展，单纯依靠畜牧业经营收入促进牧民收入增长已很难满足牧民美好生活的实现。伴随着我国经济社会持续快速发展，人们消费理念也在悄悄地发生变化，更渴望到自然景观优美、历史文化厚重、民族风情浓厚的地方，去排解长期在喧闹污染的城市环境中带来的生活困扰，去放松心情、休闲娱乐、陶冶情操，去感受大自然带来的愉悦，领略当地历史文化和民族风情。草原生态旅游就是在这种追求生态休闲生活方式背景下产生的。随着我国生态旅游产业的快速发展，草原生态旅游产业也成为拉动达茂旗地方经济增长的重要动力。它不仅可带动第三产业的快速发展，创造更多的就业机会，还可带动其他相关产业的发展。内蒙古草原居全国五大草原之首，神奇辽阔的草原生态风光和热情好客、载歌载舞的民族风情强烈地吸引着海内外游客。达茂旗草原是内蒙古西部比较有特色的草原，地处草原名城呼和浩特和包头两城之间，交通便利，特色显著，名胜古迹、人文景观众多，是我国北疆绿色安全重要屏障。这里夏季舒适凉爽，动植物种类繁多，是最为诱人的避暑胜地，也是调理身心、回归自然、休闲度假的好去处。近年来，达茂旗非常重视草原生态旅游业的发展，在科学规划、合理开发草原生态资源的基础上，充分挖掘草原生态旅游文化内涵，加强了生态旅游基础设施建设，加大了宣传推介活动，不断提升草原生态旅游中的影响力和吸引力，并将草原旅游与天然草场生态保护结合起来，通过草原生态旅游带动广大农牧民奋向小康。

第一节 草原生态旅游资源

一 草原生态景观

草原景观是自然美和生态美的融合，它不仅呈现出一望无际的宽阔草原和湿地，更重要的是表现出在典型地形地貌基础上形成的变幻莫测、色彩斑斓的天象景观。在达茂旗草原同时具有草甸草原、典型草原、荒漠草原和沙地草原（荒漠化草原）四种草原景观。北部水土资源条件相对较差，草地资源丘陵和高平原上沙地草原居多，天然草场面积59万公顷，占全旗草场总面积的36.0%。南部水土资源条件较好，地下水和地表水资源丰富，因此，土壤肥沃，草质较好，其草地资源主要为丘陵草场，天然草场面积193000公顷，占全旗草场总面积的11.6%。中部水土资源条件相对较好，该区域内因有黄花滩水库、艾不盖水库，草地资源主要为丘陵高平原草场，天然草场面积673000公顷，占全旗草场总面积的40.6%，植被以荒漠草原为主，其中也分布着草甸植被[①]。

二 名胜古迹

在历史上达茂旗是多民族居住和多文化交汇地，也是战略要地和兵家必争之地。因而，名胜古迹众多。如古城遗址就有敖伦苏木古城和城圐圙古城。敖伦苏木古城遗址曾是元代德宁路所在地，是汪古部最大的政治、经济、文化、军事和交通中心，也是欧洲文化流传到亚洲最早的地区之一，是元朝几代赵王的都城，因此又称为"赵王城"。古城平面呈长方形，东西宽570余米，南北长960余米，城墙用黄土夯筑，城墙四面均有城门，内城外有瓮城。古城中的遗物非常丰富，有石龟、石俑、石碓臼、石磨、墓顶石等。城内有大小高台90余座，在高台基座上残存有许多琉璃瓦残片，这说明古城中曾有许多宫殿和庙宇。据考古学家考察发现，城内有王府、景教寺庙、天主教寺庙、罗马教教堂、喇嘛庙、孔庙等遗址，说明当

[①] 杨慧忠等：《达茂旗水草资源优化配置理论模型与优化配置方案》，《内蒙古科技与经济》2012年第11期。

时城中景教、天主教、罗马教、佛教并存。在古城中部偏东靠南处，曾残存一尊汉白石龟残件，残件上刻有王傅德风堂碑记，碑记叙述了元代赵王世系及功臣。城中还有10方元代景教教徒的花岗岩墓石，墓石上雕刻有云纹和卷草纹，头端及两侧雕刻有十字架，身部正面刻古叙利亚文墓志铭。敖伦苏木古城曾经历了由元代到明代的兴盛渐衰历史，该城毁于元末明初战乱。明代中期，蒙古土默首领俺答汗曾在古城原址上进行了大规模恢复工程，并将其作为避暑的夏宫。城圐圙古城遗址位于达茂旗希日穆仁苏木西约3千米，南距武川县城35千米处，是北魏时期一个重要镇城遗址。古城依丘陵而筑，从平面上看，呈不规则的五边形，东西长约1300米，南北为1100米，古城被群山和河水所环绕，城中为左右高，中间低的盘地，城中大约有60平方千米沃壤，城内有河水自东北向西南穿越古城，河水将古城分为大小不等的四个区域。在古城的南、东、北三门址内有明显的街道痕迹，南街与东街在城中心交汇。在城外的北面、召河北岸有北魏时期修筑的长城。城内还有一长方形的瓮城，瓮城南北约360米，东西约220米，瓮城的北面和西面有护城河，瓮城和外城都有角楼和马面。古城城墙是由夯土和垒石夯土结合筑成，城中曾出土石磨上扇、石兽、石柱础、莲花纹瓦当和三角形砖等遗物。

古代防御设施也是达茂草原的重要名胜古迹。金堑壕遗址曾是成吉思汗姻亲之部落——汪古部最早为金王朝修筑的防御主体建筑设施之一，是我国历史上引人注目、规模宏大的军事工程之一。它的修筑在金朝政治、军事上有着非常重大的意义。金堑壕遗址位于达茂旗百灵庙境内，全长约70千米，总体走向为东北向西南。在堑壕的北侧及西北侧一般有较高的丘陵山岗作天然的屏障，堑壕的内侧较为平坦，一般为开阔草地或山谷草地，土质肥沃，易于戍守，易于放牧。堑壕一般由外壕、外墙、内壕、内墙四部分组成，在70千米堑壕中还设有250余座戍堡，是士卒戍守的瞭望台和传递军事情报的烽燧设施。在堑壕沿线还设有十余座障址，作为屯军的前沿阵地。

在堑壕沿线额尔登敖包苏木以东40千米处，还有一个苏布勒格古城，是当时驻防此处金朝军队的大本营，古城分为内城和外城两部分，内城和外城之间有护城河，内城面积约4平方千米，城墙四角筑有炮台，城内防御体系十分完备适用。

此外，还有四条古代长城遗址。南北两条汉代长城，东西两条北魏长城，加上金堑壕，总长度为379千米。汉长城又分为内长城和外长城两条，内长城沿巴盟固阳县至达茂旗交界处的边壕村，外长城由达茂旗延伸到蒙古国境内。汉长城在达茂旗的乌兰忽洞乡、西河乡、新宝力格苏木所在地西10千米处，仅新宝力格苏木境内长城段就有41千米，有3座障城和5座烽火台的遗迹。汉长城始建于汉太初三年（公元前102年），其结构多是夯土和垒石夯土相结合，现游客可观光地段是满海敖包和古日班赛罕汉长城遗址。魏长城位于希拉穆仁镇所在地西北4千米处，始建于公元423年，其结构也是夯土和垒石夯土相结合，长城残高0.4—0.7米，宽3—5米，单一长城线，无马面、烽火台，北跨召河进入四子王旗。

寺庙、祭奠堂和祭祀敖包也是达茂旗的重要名胜古迹。近代最著名的寺庙为百灵庙。百灵庙，蒙古语贝勒因庙的转音，亦称乌力吉套海（吉祥湾）召庙群，俗称贝勒庙，清廷赐名广福寺。位于达茂旗旗政府所在地，初建于康熙四十二年（1702年）至四十五年（1705年），1913年焚毁，1924—1927年间重修。寺庙由5座大殿、9座佛塔和30处藏式结构的院落组成，总占地面积8000多平方米。寺庙有些殿堂近似内地宫殿里的大殿结构，有些殿堂为藏式平顶白墙建筑。清道光三十年（1850年），百灵庙的喇嘛人数达到最高峰有1500多人。在这里也曾发生过一次震惊中外的抗日战役——百灵庙战役，又称百灵庙大捷。1936年11月20—24日，国民党绥远省主席兼35军军长傅作义将军采用奇袭制胜、先发制人的方法，对百灵庙的日军发起全面进攻，歼灭日伪军大半，日本特务机关长盛岛角芳、顾问烟谷草以及伪蒙第7师师长穆克登宝狼狈逃窜。中国军队收复了百灵庙、红格尔图、土木尔台、土城子等失地。在百灵庙还有乌兰夫纪念馆、傅作义纪念馆，是突出抗战历史和进行爱国主义教育的地方。

三 景区景点

主要由希拉穆仁景区、吉穆斯泰景区、巴音杭盖自然保护区、西河水库旅游度假村和百灵那达慕文化产业园等五个部分组成。

希拉穆仁景区位于达茂旗希拉穆仁草原上，距呼和浩特87千米处，海拔1700米，其自然风光为典型高原草原，是内蒙古最早开辟蜚声中外的草原旅游避暑胜地。希拉穆仁蒙古语意为"黄色的河",在草原希拉穆仁河畔有座清代寺庙——席力图召(普会寺),故希拉穆仁又俗称"召河"。

吉穆斯泰景区位于达茂旗白音敖包苏木境内,距百灵庙镇西北26千米,是第四纪冰川遗迹特征明显的景区,吉穆斯泰蒙古语意译为"花果山",景区东西长10千米,南北宽7千米,总面积约70平方千米。景区内有一群突兀而起、错落有致的山峰,山峰怪石林立、自然天成、风景独特、形象各异、惟妙惟肖,有的像"巨蟒吞食""神风洞""水帘洞""老鹰峰""三狮吼天峰",这些造型形成"花果山天然石林花园"。在吉穆斯泰对面2千米处,还有达茂旗境内最大的敖包——巴音宝格达敖包,是清代达尔罕、茂明安两部共同祭奠的敖包。

巴音杭盖自然保护区是自治区级自然保护区,该保护区地处大青山北麓,内蒙古高原中部地带,地势南高北低,向北倾斜,东西长23千米,南北最大宽度21.5千米,平均海拔1376米,最高峰哈布特盖苏敖包山,海拔1846米,总面积为3.72万公顷,平均气温3.4℃,是温性草原生态景观。保护区境内有一个水系,即哈拉淖尔水系,巴音杭盖蒙古语意译为"水草丰美的山林",该保护区比较偏僻,地形复杂,野生动植物种类繁多。保护区内有高等植物470种,隶属于60科201属,其中,叉子圆柏灌丛在我国境内中温性荒漠化草原分布是绝无仅有的。在保护区内可观赏到蒙古野驴、盘羊、鹅喉羚、大鸨、波斑鸨、金雕等野生动物种群,其中国家Ⅱ级重点保护动物24种,被列为国家濒危动物的有6种。

西河水库旅游度假村是国家2A级旅游景区,位于达茂旗西河乡南3千米处的杨油坊水库,水库面积2000多亩,最深处8米,内有鲤鱼、鲫鱼、武昌鱼、草鱼可供游人垂钓。景区是2004年由某公司投资兴建。

百灵那达慕文化产业园是国家3A级旅游景区,占地面积约8000亩,始建于2012年,景区内设有停车场、休闲文化广场、蒙古包餐饮住宿区、中国少数民族商品展销区、观礼台、表演区、观赛区、摩托车场地赛赛区、3D立体画观赏区和赛马场等多种功能区,内含有游牧文化、宗教文化、民俗文化、生态文化、商业文化等多种文化因素,是集文化、体育、旅游、商业、餐饮为一体的综合性产业园。它是内蒙古首批体育训练基地,能够承接搏克、射箭、赛马、马术、布鲁等蒙古族传统体育活动和场地摩托车赛、汽车耐力赛、房车自驾等现代体育活动，以及祭祀祭火、文艺表演等大型文化活动。

第二节　草原生态旅游存在的问题和制约因素

一　淡旺季反差巨大

达茂旗草原生态旅游旺季主要集中在5—9月，5月为草原返青时段，天气逐渐回暖，草地上的草逐渐由黄变绿，是春季踏青的好去处。7、8月为草原旅游的黄金季，旅游节庆活动大部分集中在7、8月，这时雨水充沛，水草丰美，牛羊肥壮，各景区会围绕区域特色和草原特点推出一系列丰富多彩的旅游活动。从10月中旬到第二年的4月为旅游的淡季，这时看不到草原绿色，只能感受到茫茫草原上的寂静和荒芜。如果冬季雪多，雪地上可以骑马，举办冬季那达慕、冰雪节等，但由于天气寒冷，寒风彻骨，因而来草原旅游的人非常有限。

二　旅游资源开发不足

达茂旗草原生态旅游业是畜牧业生产转型升级产业，其发展还处于初级阶段。地方政府和牧民对生态旅游综合性开发还存在认识误区，因而在实际操作和从业经验上存在许多问题，进而影响生态旅游产业创新和旅游经济的增长速度。如对生态旅游产业和草原生态旅游标准认识不足，对草原生态旅游的内涵和特点把握不够，对传统文化资源挖掘不深入，产品开发和项目设计雷同化，没有突出特殊性和唯一性，旅游解说等缺乏对传统文化和区域特色的正确认知，旅游服务的针对性较差等，甚至一些生态旅游景区没有将生态旅游与草原生态保护和可持续发展有机地结合起来，致使草原生态环境破坏严重，生态旅游的综合效益难以得到很好发挥。

三　景区管理水平有待提高

达茂旗生态旅游产业是近年来发展起来的产业，因而在管理上存在许多不足。如管理人员大多是没有经过职业生涯规划和培训的牧民，文化素质偏低，管理工作缺乏创新性，管理水平难以在短时间内提升。再如景区所有权和经营权分离，允许企业对景区进行开发管理，但由于对景区进行开发管理方面的法律法规缺位，管理体制不顺，景区集群效益难以发挥。同时，也给景区保护、开发、建设带来了困难。

四　旅游宣传推介力度不够

首先，达茂旗草原生态旅游宣传推介活动主要在北京和周边省区进行，长江以南省区基本上没有，这就使江南旅游者基本上不了解达茂旗的自然景观和人文景观，也就不会产生来达茂旗旅游的兴趣。其次，利用新媒体多视角展现达茂旗自然景观、人文特色的作品太少，影响了达茂旗草原生态旅游的影响力和吸引力。再次，没有与发达省区旅游企业建立旅游联盟，实现资源共享、优势互补、市场联动，一定程度上影响了达茂旗旅游业的发展。最后，对旅游产品内涵挖掘不够，缺乏个性和新颖性，难以形成品牌效应，这也是影响达茂旗草原生态旅游的重要原因。

第三节　草原生态旅游业发展的对策和建议

一　不断提高草原生态旅游环境承载力

"生态兴则文明兴，生态衰则文明衰"，良好的生态环境是人类文明形成和发展的基础和条件。草原生态是游牧文明形成和发展的基础，草原生态旅游业的发展离不开草原自然生态环境、名胜古迹和传统文化。没有草原生态环境的承载能力，草原生态旅游也就失去了吸引力，也就不能更好地展示草原文化显性和隐性的文化内涵。因此，要改变牧区重牧轻草、重用轻保和重建轻管的局面，从技术和制度层面进行调控，不断提高经营者与游客的环保意识，优化草原生态环境，不断提高草原生态旅游环境承载力。因此，发展草原生态旅游，应加大天然草场的保护力度，增大草原建设投入，逐步提高人工种草的比例，为草原营造更加广阔的绿色空间，也为五畜提供更加广大的流动场所。

二 注重旅游文化创意，打造和发展特色品牌旅游产品

深入挖掘和利用达茂旗旅游资源特色、优势和潜力，拓展多样化的旅游产品，避免景区和旅游产品与其他地区的雷同，通过文化创意将地方性独特的自然风光、历史文化资源和民族风情，转化成鲜活的文化产业发展动力。同时，要加大草原生态旅游宣传力度，充分利用网络和媒体进行草原生态旅游推介宣传活动，宣传本地特色文化旅游品牌，不断扩大品牌知名度，从而提升达茂旗草原生态旅游的影响力。

三 注重草原体验项目的设计

在自治区提出的建设"体现草原文化、独具北疆特色的旅游观光、休闲度假基地"的旅游发展新定位的基础上，在旅游项目设计上应更多地设计草原体验、观光、疗养、度假、科考、探险等多种功能的项目，打造情节化的参与互动，使项目更具吸引力。如与牧民同吃、同住、共同放牧，在草原上喂牛、羊和挤牛奶等，让游客在充分享受草原自然风光、观赏草原名胜古迹的同时，也能真实地体验牧民生活。

四 完善生态旅游基础设施建设

在原有景区建设的基础上，以最大限度地保护好遗迹为前提，试验性地对敖伦苏木古城、城圐圙古城、金堑壕等遗址进行修复，这将有利于达茂旗人文历史的开发和挖掘。同时，加大景观道路及景区周围酒店、商店、公厕和休闲娱乐场所等设施的修建和改造工程，让更多的人在草原上既能观光到历史文化景观，又能感受到舒适、愉快、安全的旅游环境和自由自在的旅游快感。

五 重视草原生态旅游产业集群发展

以草原核心旅游资源为依托，加强景区周边餐饮、酒店、金融、纪念品商店和休闲运动设施等相关企业的集聚，以满足游客多方面的需求。通过旅游产业集群发展，促进企业、政府和协会等机构的互动，促进地区产

业结构调整,逐步实现资源和区位优势向产品和市场优势的转变。同时,不断增加景区基础设施的财政投入和管理,带动牧民共同致富,这样既可避免景区在开发管理操作上的混乱,又可提高本地区在草原生态旅游中的竞争力,进而保护和发展优秀传统文化,保护草原生态环境。

参考文献

安广峰：《达茂旗"围封禁牧"政策执行效果评价》，硕士学位论文，内蒙古师范大学，2011年。

敖仁其、额尔敦乌日图等：《游牧制度与政策研究》，内蒙古教育出版社2009年版。

敖仁其主编：《制度变迁与游牧文明》，内蒙古人民出版社2004年版。

宝力高：《蒙古族传统生态文化研究》，内蒙古教育出版社2007年版。

陈永泉：《内蒙古草原所有制的演变及对草原畜牧业的影响》，《中国草业可持续发展战略论坛论文集》2004年9月。

《达尔罕茂明安联合旗志》编纂委员会：《达尔罕茂明安联合旗志（1991—2005）》，内蒙古文化出版社2008年版。

《达尔罕茂明安联合旗志》编纂委员会：《达尔罕茂明安联合旗志》，内蒙古人民出版社1994年版。

达林太、郑易生：《牧区与市场：牧民经济学》，社会科学文献出版社2010年版。

达林太：《征税方式对草原畜牧业的影响》，《内蒙古大学学报》2003年第1期。

额尔敦布和等主编：《内蒙古草原荒漠化问题及其防治对策研究》，内蒙古大学出版社2002年版。

盖志毅：《新牧区建设与牧区政策调整》，辽宁民族出版社2011年版。

郭东生：《中国羊绒业的变迁》，《中国纺织经济》1999年第8期。

黄少安主编：《制度经济学》，高等教育出版社2008年版。

吉尔格勒：《游牧民族传统文化及生体环境保护》，《广播电视大学学报》2001年第4期。

林蔚然、郑光智主编：《内蒙古自治区经济发展史》，内蒙古人民出版社1990年版。

马超群、纳古单夫等：《原达尔罕旗东苏木社会情况》，《乌兰察布文史资料》第三辑，乌兰察布盟文史资料研究委员会，1985年2月。

内蒙古党委政策研究室等：《内蒙古畜牧业文献资料选编》第二卷（上册），内蒙古党委印刷厂印刷，1987年版。

内蒙古党委政策研究室等：《内蒙古畜牧业文献资料选编》第四卷，内蒙古党委印刷厂印刷，1987年版。

内蒙古自治区畜牧业厅：《内蒙古自治区畜牧业发展史》，内蒙古人民出版社2000年版。

《内蒙古自治区农牧业经济"十一五"发展规划（2006—2010）》。

内蒙古自治区政协文史资料委员会：《"三不两利"与"稳宽长"文献与史料》，内蒙古政协文史书店2005年版。

倪东法：《草牧场有偿承包使用浅识》，《内蒙古草业》1997年第6期。

倪东法：《实施草原法规加强草原法制管理》，《中国草原》1986年第6期。

滕有正、刘钟龄：《论征收草场使用费》，《内蒙古财经学院学报》2006年第1期。

铁柱、韩咏梅：《关于全面禁牧以来牧民传统放牧方式变化的研究》，《内蒙古师范大学学报》（哲学社会科学版）2014年第4期。

乌恩白乙拉：《全面禁牧政策落实情况调查研究——以内蒙古达茂旗白音杭盖嘎查为例》，硕士学位论文，内蒙古师范大学，2011年。

乌日陶克套胡：《蒙古族游牧经济及其变迁》，中央民族大学出版社2006年版。

邢莉：《内蒙古区域游牧文化的变迁》，中国社会科学出版社2013年版。

许志信：《草原退化与合理利用》，《内蒙古农牧学院学报》1981年第5期。

于铁夫：《关于以落实草原承包到户为重点　全面落实"双权一制"工作情况的报告》，1998年5月27日在内蒙古自治区第九届人民代表大会常务委员会第三次会议上的讲话稿。

张正明:《内蒙古草原所有制问题面面观》,《内蒙古社会科学》1981年第4期。

赵峰:《从游牧到定居》,《四川党史》1995年第3期。

后 记

《达茂旗草原畜牧业现状及变迁调查》一书，是内蒙古自治区社会科学院原院党委委员、纪委书记毕力格同志主持的内蒙古自治区社科规划特别委托项目"内蒙古民族文化建设研究工程"调查研究系列类的子课题"达茂旗草原畜牧业现状及变迁调查"最终成果节选。在项目实施过程中，毕力格同志因身体欠佳，把课题移交给课题组成员陈红宇同志，由她组织、实施、完成。本课题于2015年11月立项，于2019年6月通过专家鉴定完成。

本课题通过对达茂旗草原畜牧业发展现状的全面系统调查，梳理新中国成立以来达茂旗草原畜牧业的发展历程，分析其主要影响因素和可持续发展所面临的困境，旨在总结达茂旗草原畜牧业发展经验的基础上，对其未来可持续发展提供可供参考的对策建议。课题实施过程中，内蒙古自治区社会科学院《内蒙古社会科学》杂志主编牧仁、机关党委副书记孟格日勒曾参加前期调研工作，牧区发展研究所的文明研究员、杜淑芳研究员和陈红宇研究员进行最终报告的撰写工作。

本书的第一章第一、二、三节由文明和杜淑芳撰写，第二章、第三章第一节由文明撰写，第三章第二、三节由杜淑芳撰写，第一章第四节、第五章、第六章由陈红宇撰写。全书由文明进行统稿。

由于时间仓促、水平所限，书中难免有不足甚至错误之处，恳请有关专家学者批评指正。